教育部、国家语委重大文化工程
　　"中华思想文化术语传播工程"成果
国家社会科学基金重大项目
　　"中国核心术语国际影响力研究"（21&ZD158）
　　阶段性成果

中华思想文化术语研究丛书

李春青 著

"中"与"中庸"
不同凡响的生存智慧

外语教学与研究出版社
北京

图书在版编目(CIP)数据

"中"与"中庸":不同凡响的生存智慧 / 李春青著. —— 北京:外语教学与研究出版社,2022.10(2023.7重印)
(中华思想文化术语研究丛书)
ISBN 978-7-5213-3997-0

Ⅰ.①中… Ⅱ.①李… Ⅲ.①中庸–研究 Ⅳ.①B222.05

中国版本图书馆CIP数据核字(2022)第187097号

出 版 人　王　芳
项目负责　刘　佳
责任编辑　王　琳
责任校对　钱垂君
装帧设计　覃一彪
出版发行　外语教学与研究出版社
社　　址　北京市西三环北路19号(100089)
网　　址　https://www.fltrp.com
印　　刷　紫恒印装有限公司
开　　本　787×1092　1/32
印　　张　3.5
版　　次　2022年11月第1版　2023年7月第2次印刷
书　　号　ISBN 978-7-5213-3997-0
定　　价　42.00元

如有图书采购需求,图书内容或印刷装订等问题,侵权、盗版书籍等线索,请拨打以下电话或关注官方服务号:
客服电话: 400 898 7008
官方服务号: 微信搜索并关注公众号"外研社官方服务号"
外研社购书网址: https://fltrp.tmall.com

物料号: 339970001

记载人类文明
沟通世界文化
www.fltrp.com

"中华思想文化术语研究丛书"出版说明

"中华思想文化术语研究丛书"的策划来源于"中华思想文化术语传播工程"(以下简称"工程")。

"工程"旨在梳理反映中国传统文化特征和民族思维方式、体现中国核心价值的思想文化术语,用易于口头表达、交流的简练语言客观准确地予以诠释,在中国对外交往活动中,传播好中国声音,讲好中国故事,让世界更多了解中国国情、历史和文化。"工程"的核心成果是"中华思想文化术语"系列图书(中英文对照版),每辑收录100条思想文化术语,每条术语的释义文字在二三百字。

"中华思想文化术语"系列图书问世后,很多国外读者提出,希望更深入地了解其中一些思想文化术语的含义以及它们对当代社会的影响。于是,"工程"秘书处与施普林格·自然集团共同策划了本套丛书——"中华思想文化术语研究丛书"。其中,英文版由施普林格·自然集团在海外出版,而中文版则由外语教学与研究出版社在国内出版。

本套丛书中的每一种，均是作者对某一个或者一组思想文化术语的深入阐释。作者依托历史文献资料与学界已经取得的研究成果，以思想文化发展史上的代表人物或代表性著作、观点为线索，详细考察该术语在中华思想文化发展史上的源流嬗变、历史语境、语义脉络、思想影响、现代价值，让读者对中华思想文化中的一些重要范畴、概念或思想命题有一个较为全面系统的了解。

丛书以综合、原创的学术内容及著作者个人的学术研究为主，体现专业研究与社会普及结合，源流并重，考论兼备，中西观照。丛书中涉及的思想文化术语既是中国文化的智慧，也是人类共同的文化宝藏。挖掘它们的意义变迁，阐释其对当今社会的影响，有利于促进不同文化之间的交流与对话。

本套丛书的作者有的侧重于概念史研究，有的侧重于对传统的学科术语的挖掘，表现出研究成果的多样性和丰富性。需要说明的是，我们以"中华思想文化术语"之名进行整合，但也尊重作者不同的学术视野和研究领域。本套丛书是开放性的，我们还会陆续推出其他中国知名学者关于中华思想文化术语的研究作品。

"中华思想文化术语传播工程"秘书处

2022 年 5 月

前言

自从雷蒙·威廉斯《关键词：文化与社会的词汇》（中译本2005年出版）以及安德鲁·本尼特和尼古拉·罗伊尔所著《关键词：文学、批评与理论导论》（中译本2007年出版）等一批来自西方的著作被引进我国学界之后，以"关键词"为研究方法的研究渐渐形成一种热潮，各种论文和著作层出不穷。再加上来自德国的"概念史"研究方法的推动，"关键词"作为研究方法的影响也与日俱增了。

然而人们往往忽略在中国古代事实上也存在着中国式的关键词研究。此类著述极多，举其荦荦大者，如南宋的理学家陈淳所著《北溪字义》可以说是一部最接近现代"关键词"研究的著作。该书正文列命、性、心、情、才、志、意等三十个（二十五门）理学的关键词进行解读与阐发，既辨其意涵，复考其源流，对重要词语的阐述往往长达数千言。例如关于"性"字，先援引程朱之说以确定其基本意指，然后考察自子思、孟子、荀子、

《易传》以及扬雄、韩愈、苏轼、胡寅诸人所论以辨其源流,并旁及佛释之学,涉及方方面面,是古代关于"性"字最为完备详审的论述。该书提纲挈领,是理学入门的极佳读物。再如清代乾嘉学派之祖师爷戴震的《孟子字义疏证》,列理、天道、性、才、道、仁、诚、权等八个儒学核心词语加以阐述。先胪列其基本义项,然后考察其在不同语境中的意义变化,分析其与相关词语之联系,辨析前人各种不同解说之得失,剖析极为深刻而精微。例如关于"理"的阐述多大一万余字,本身即是一篇极有学理深度的学术论文,其辨言析理之深邃精微、义理阐发之周详细密,在宋明理学著述中是极为罕见的。从《北溪字义》到《孟子字义疏证》即足以表明中国古代有自己的一套"关键词"研究的传统。现代以来,中国学术以引进西学并加以运用为主流,但在西方"关键词"和"概念史"研究之外,中国固有传统也得到了一定程度的继承。最有代表性的前有章太炎、刘师培关于"文学"一词的辨析,后有朱自清对于"诗言志""比兴""诗教""正变"等词语的论证,都主要是一种中国式的关键词研究。

我们这里关于"中"的含义与意义之历史演变的

梳理和探讨既在一定程度上接受了来自西方的"关键词""概念史"研究方法的影响,也是对中国古代"字义"研究传统的继承。我们试图结合具体历史语境中展示"中"的文化意蕴、形成原因及其历史关联性。由于研究对象本身的复杂性以及笔者学力之局限,这本小书肯定未能穷尽"中"字所具有的意义与价值,也可能存在着种种舛讹之处,敬请方家批评纠谬。

李春青

2022年9月26日于北京

目 录

第一章 先秦儒家典籍中"中"与"中庸"之诸义 / 3

第一节 孔子对"中"的理解 / 6

第二节 孟子和荀子对"中"之含义的阐发 / 12

第三节 《易传》和《中庸》关于"中"与"中庸"的思想 / 17

第二章 经学语境下的"中"与"中庸" / 33

第一节 董仲舒、扬雄对"中"之意旨的阐发 / 36

第二节 《白虎通义》对"中""中和"等概念的解释 / 41

第三节 《中论》与《中说》对"中"义之阐发 / 44

第三章 程朱理学话语系统中的"中"与"中庸" / 49

第一节 张载宇宙论中"中"与"中庸"的含义 / 52
第二节 "二程"心性论中"中"与"中庸"的位置 / 55
第三节 朱熹"体用论"框架中的"中"与"中庸" / 62

第四章 心学话语系统的"中"与"中庸" / 67

第一节 从陈献章到王阳明 / 70
第二节 何心隐之《论中》/ 78

第五章 "中"与"中庸"的文化逻辑与现代意义 / 87

第一节 "合外内之道"的根据 / 90
第二节 "中"与儒家士人心态 / 94

参考文献 / 100

*

在中国古代，从西汉（前206—25）武帝时代（前140—前87）直至清代（1644—1911）的两千多年之中，占主导地位的思想系统是儒家学说；在儒家的思想系统中，"中"和"中庸"属于核心范畴，与"仁""义""礼""智""信""心""性""诚""敬"等为数不多的概念属于同一层级，而且与这些核心概念存在着十分紧密的内在联系。因此通过对"中"与"中庸"这两个概念的基本含义及其历史演变的分析考察，我们就可以从一个侧面切入儒家思想体系的内核之中，从而对其丰富意涵有比较准确的把握和阐发。

在这本小书中，我们将按照时代的历史顺序展开对这两个概念含义生成与演变的考察，并在此基础上阐明它们所体现出的诸种文化意义以及它们在儒学概念网络中的核心位置。由于在儒家的思想系统中"中"与"中庸"两个概念联系紧密，难以分拆，所以在下面的论述中我们将对二者一并展开讨论。

第一章

先秦儒家典籍中"中"与"中庸"之诸义

从春秋（前770—前476）末期到战国（前475—前221）时期是中国历史上有名的"百家争鸣"时代，由破产的贵族和部分受到教育的平民百姓组成的新兴知识阶层——士人阶层的思想家们纷纷提出自己的学说，为各国君主们出谋划策，试图改变诸侯混战的社会现实。他们的学说被称为"诸子百家"。在"诸子百家"之中，最有代表性的是儒家、道家、墨家和法家。其中只有儒家在比较抽象的意义上使用了"中"这个概念并赋予它丰富的内涵。孔子、孟子、荀子都对"中"或"中庸"有深入阐发，从而确立了这两个概念在儒学话语系统中的重要地位。

第一节　孔子对"中"的理解

"中"这个字很早就有了,从甲骨文到金文再到篆书、隶书,直至今天通行的楷书,其字形没有太大的变化。东汉(25—220)许慎(约58—约147)在具有权威性的字书《说文解字》里对"中"的解释是"内也"。清代段玉裁(1735—1815)的名著《说文解字注》的进一步解释是:"别于外之辞也,别于偏之辞也,亦合宜之辞也。"可知这个字的本义是"在里面",因此也就引申为"心里"或"内心"之义。例如《老子·五章》有"多言数穷,不如守中"之说,这里的"中"就是指内心而言。根据段玉裁的解释,"中"字的进一步引申就是"不偏""合宜"之义了,如此"中"从一个表示方位的词开始带上了价值属性,甚至哲学意味,可以用来评价人的行为是否恰当了。

孔子(前551—前479)并不是最早把"中"作为一个价值概念来使用的人,在他之前,"中"就已作为一个有政治意味和哲学意味的概念被使用了。《尚书·大禹谟》有"人心惟危,道心惟微,惟精惟一,允

第一章　先秦儒家典籍中"中"与"中庸"之诸义

执厥中"[1]之语,虽然学界一般认为《大禹谟》是战国时期儒家伪托之作,并不是真的夏禹时期的文献,但这并不意味着"允执厥中"的说法必然是后于孔子的。因为在《论语·尧曰》中记载了尧对舜讲的一段话,这虽未必真为尧所讲,却可信其为孔子之前流传的典籍中所存。其云:"咨!尔舜!天之历数在尔躬。允执其中。""允执厥中"与"允执其中"意思相同,二者应该有着共同的文献来源。对于《论语·尧曰》之"中"字,朱熹(1130—1200)释为"无过不及之名"。清代刘宝楠(1791—1855)《论语正义》引郑玄(127—200)注:"执两用中,舜所受尧之道也。用中即中庸,故庸训用也。"根据朱、刘二人的解释,并观上下文意,这里的"中"应该是指在处理政事时恰如其分,既无过激,又无不及。这大约是"中"从一个表示方位的自然概念演化为具有价值性的概念后最初的含义了。此时的"中"是一个属于政治范畴的概念,是指施政措施不偏不倚、恰到好处,因而执政者得到百姓的拥护。

在孔子之前还有在另一个意义上使用"中"这个概念的情况。《左传·成公十三年》载刘康公之言云:

---

[1] 译文:人心危险,道心微妙,只有精研专一,笃诚地持守中道。

"吾闻之,民受天地之中以生,所谓命也。"孔颖达(574—648)疏云:"天地之中谓中和之气也。民者,人也,言人受此天地中和之气以得生育。"[1]可知此处所谓"中"又异于《尧曰》之"中",乃指外在于人的"天地中和之气",它是人之生命得以产生的依据。人禀受天地中和之气而生,此乃天命使然。显然这个"天地之中"的"中"较之《尧曰》的"允执其中"的"中"具有更多的哲学意味。

由以上二例可知,在孔子之前,"中"作为一个具有价值性的概念已有二义:一是属于政治范畴,即政治措施的恰当适度,无过无不及;二是属于哲学范畴,即天地之间存在的本原之物,乃为人与万物生命之源,亦即宇宙大生命之运演。"中"的这两种含义后来在儒家哲学中均有承续阐扬,在此我们先来看一看在孔子那里,"中"是如何被接受并赋予新的意义的。

在孔子的话语系统中,"中"衍化为"中庸",并成为儒家最高道德准则。他说:"中庸之为德也,其至矣乎!民鲜久矣。"(《论语·雍也》)朱熹《论语集注》

---

[1] 《十三经注疏·春秋左传正义》卷二十七(上册),北京大学出版社,1999,第755页。

第一章 先秦儒家典籍中"中"与"中庸"之诸义

注云:"中者,无过、无不及之名也。"[1] 又引二程[2]之释云:"不偏之谓中,不易之谓庸。中者天下之正道,庸者天下之定理。"[3] 这是后世儒者对"中"最通行的解释了,基本符合孔子本意。孔子又说:"不得中行而与之,必也狂狷乎!狂者进取;狷者有所不为也。"(《论语·子路》)朱熹注云:"盖圣人本欲得中道之人而教之,然既不可得……故不若得此狂狷之人,犹可因其志节而激厉裁抑之,以进于道,非与其终于此而已也。"[4] 刘宝楠《论语正义》引凌鸣喈(1770—1861)《论语解义》云:"中行者,依中庸而行者。"[5] 由此可知,"中行"即指人能"中道而行",即依"中庸"而行,做到不偏不倚,无过无不及。在这里"中行""中道"与"中庸"含义相近,都是"中"的衍生词。

"中"在孔子这里被衍化为"中庸""中行",其含义亦发生了很大变化。它既不同于《尧曰》的政治哲学之义,又不同于《左传》哲学本体论之义,而是被

---

1 译文:中,就是既没有过度,也没有不充分。
2 "二程"指北宋著名的理学家、教育家程颢(1032—1085)和程颐(1033—1107)。
3 朱熹:《四书集注》,岳麓书社,1987,第130页。
4 同上,第213页。
5 刘宝楠:《论语正义》,收入《诸子集成》第1册,上海书店,1936,第294页。

赋予了伦理道德价值意义,从而变为一个道德哲学的概念。"中庸""中行"之"中"是指人的一切行为都中规中矩,即处处符合儒家道德规范。"中庸"虽然是孔子极为推崇的道德规范,却并非难以企及的,而是一般人都可以做到的。钱穆(1895—1990)曾说:"中庸之人,平人常人也。中庸之道,为中庸之人所易行。中庸之德,为中庸之人所易具。故中庸之德,乃民德。其所以为至者,言其至广至大,至平至易,至可宝贵,而非至高难能。"[1]这是符合孔子本意的。这里有一个问题需要辨析一下,那就是儒家"中庸"概念的含义与古希腊哲学家亚里士多德(前384—前322)的"中庸"思想之间的异同问题。在古希腊,中庸被视为一种美德。在亚里士多德的政治与伦理观念中,中庸思想占有重要位置。他在《政治学》中说:"我们都认为万事都是过犹不及,我们应该遵循两个极端之间的'中庸之道'。"[2]又说:"还有一条绝对不应该忽略的至理,而今日正是已被许多变态政体所遗忘了的,就是'中庸(执中)之道'。"[3]这

---

[1] 钱穆:《论语新解》,收入《钱宾四先生全集》第3册,联经出版事业股份有限公司,1963,第226页。
[2] 亚里士多德:《政治学》,吴寿彭译,商务印书馆,1965,第433页。
[3] 同上,第273页。

第一章　先秦儒家典籍中"中"与"中庸"之诸义

就是说,在亚里士多德看来,"中庸之道"的意思是在两个极端之间寻求平衡,不偏不倚。它是一种政治治理原则。但亚里士多德的"中庸之道"又不仅仅是政治原则,它同时也是一种个体的道德准则。他说:"现在,大家既然已公认节制和中庸常常是最好的品德,那么人生所赋有的善德就完全应当以[毋过毋不及的]中间境界为最佳。处在这种境界的人们最能顺从理性。趋向这一端或那一端——过美、过强、过贵、过富或太丑、太弱、太贱、太穷——的人们都是不愿顺从理性的引导的。"[1] 由此可见,亚里士多德的"中庸之道"与孔子的"中"或"中庸"思想看上去的确是很相近的,事实上也确实存在相通之处。但是如果深入了解的话,则可以说,二者并不是可以等同的概念。首先,在孔子这里,"中"或"中庸"主要是指一种道德修养,其衡量标准主要是儒家所遵循的"礼"的规定;而在亚里士多德那里,"中庸之道"就更多地是倾向于一种治理城邦的政治策略。其次,也是最重要的,在儒家这里"中"和"中庸"包含着在"天人关系"的框架内思考人的道德准则的丰

---

[1] 亚里士多德:《政治学》,吴寿彭译,商务印书馆,1965,第205页。

富意蕴,这在亚里士多德的"中庸之道"那里显然是没有的[1]。

第二节 孟子和荀子对"中"之含义的阐发

孟子(约前372—前289)是孔子之孙子思(前483—前402)的再传弟子,是孔子之后最有名的儒学大师,被称为"亚圣"。他对"中"的理解当然是秉承孔子之说而来,也主要是将"中"看作一个道德哲学范畴。他说:"中也养不中,才也养不才,故人乐有贤父兄也。如中也弃不中,才也弃不才,则贤不肖之相去,其间不能以寸。"(《孟子·离娄下》)朱熹的注释依然是以"无过无不及"释"中"[2]。其实此处之"中"是指能"中道而行",或行"中庸之道"的人,亦即指有德之人而言。他的意思是说有德之人善能教养无德之人,所以人们都以有贤德的父兄为乐;倘使有德之人弃绝无德之人,则

---

[1] 关于儒家的"中"与"中庸"的含义与译法,以及其与亚里士多德的"中庸之道"之间的异同问题,可以参见:安乐哲、郝大维:《切中伦常:〈中庸的新诠与新译〉》,彭国翔译,中国社会科学出版社,2001,第20—21页,第104—109页。
[2] 朱熹:《四书集注》,岳麓书社,1987,第418页。

第一章　先秦儒家典籍中"中"与"中庸"之诸义

有德与无德也就相去不远了。孟子在这里强调的是父兄在道德上对于子弟所应有的表率作用。

孟子又有著名的"执中"之说。《孟子·尽心上》中有:"杨子取为我,拔一毛而利天下,不为也。墨子兼爱,摩顶放踵利天下,为之。子莫执中。执中为近之。执中无权,犹执一也。[1] 所恶执一者,为其贼道也,举一而废百也。"这段话可从两个层次上来理解。一是说"执中"近于儒家之道。杨朱为我,墨子兼爱,前者过于自私,无君无父;后者之爱过于宽泛,没有等差,均不合于儒家之道。鲁国的贤人子莫主张"度于二者之间而执其中",与儒家之道相近。二是说仅仅是"执中"还不能算是儒家之道,"执中"还须有"权",也就是懂得权变。所谓"权变"也就是根据具体情况对所恪守的原则进行适当调整的意思。"执中"而无权变,往往流于死板教条,反而有害于道。朱熹对孟子这段话有很精辟的解释,他说:

> 子莫,鲁之贤人也。知杨、墨之失中也,故度于二者之间而执其中。近,近道也。权,秤锤也,所以称

---

[1] 权,是秤砣的意思,是用来称物体的轻重从而确定适当的重量的。"执中无权,犹执一也"意思是:采取中间立场而不懂得权变,就会时时处处执着于这个中间原则,这其实就是"执一"了。

物之轻重而取中也。执中而无权，则胶于一定之中而不知变，是亦执一而已矣。程子曰："中字最难识，须是默识心通。且试言一厅，则中央为中；一家，则厅非中而堂为中；一国，则堂非中而国之中为中。推此类可见矣。"又曰："中不可执也。识得则事事物物皆有自然之中，不待安排，安排着则不中矣。"[1]

此言颇得孟子之义。盖以孟子观之，"中"是相对具体情况而言的，所以事事物物皆有各自之"中"，人要想"中道而行"则须识得各事各物之"中"而执之。倘不如此，而以为万事万物唯有一永恒不变之"中"，而执此"中"于事事物物之上，则与"中"之本义刚好相悖。"中"并不是一个恒定不变的东西，不同事物、不同情境都有不同的"中"，所以必须具体问题具体分析才行，这也就是"执中"而又能"权"了。孟子此言可以说是对孔子"中庸""中行"之说的补充发展。后世儒者多言"时中""随时而中"，其中就含有"权"的意思了。孟子关于"中"与"权"的思想无论是在日常生活中还是在政治生活中，都具有重要启发意义。今

---

[1] 朱熹：《四书集注》，岳麓书社，1987，第510—511页。

第一章　先秦儒家典籍中"中"与"中庸"之诸义

人吴小如先生（1922—2014）阐释说："盖执中不知权变则太胶执，其实质乃执一，执一则害道矣。今之所谓一言堂者，其弊即在举一而废百也。故为政者往往其言似执中，而其行则执一，其弊至于铸大错而不自知，且不知悔，于是民不堪命矣。"[1] 孟子所讲的道理是古今相通的，吴先生此说堪称知言之论。

荀子（约前313—前238）是先秦儒学之集大成者，甚至也可以说是先秦诸子之集大成者。他在坚守孔子传统的前提下广泛吸取道家、名家、法家思想，所以他对"中"的阐释与孔孟意近又有所不同。荀子说："先王之道，仁之隆也，比中而行之。曷谓中？曰：礼义是也。"（《荀子·儒效》）又说："凡事行，有益于理者，立之；无益于理者，废之：夫是之谓中事。凡知说，有益于理者，为之；无益于理者，舍之：夫是之谓中说。事行失中谓之奸事，知说失中谓之奸道。"（《荀子·儒效》）他直接以"礼义"释"中"，可以说是符合孔孟"中庸""中行""中道而立"之本义的。然荀子又有"中事""中说""奸事""奸道"之谓，并以"治世""乱世"衡量之，则其所谓"中"与孔孟主要就个体道德行为言"中"

---

[1] 《吴小如讲〈孟子〉》，天津古籍出版社，2008，第189页。

之本义又有距离。盖荀子之"中"更多地带有政治哲学的色彩，似乎比孔子和孟子更接近亚里士多德了，这当然与荀子融儒法而为学的思想体系有关。有学者认为这里"中事""中说"之"中"以及"比中而行"的"中"均应为四声，读作 zhòng，即认为"中"是个动词，即"中规中矩"或"随时而中"之"中"，是"当"的意思。[1] 这一解释似乎不够准确，因为如此一来就距离孔孟所说的"中"比较远了。这里荀子明确说："曷谓中？曰：礼义是也。"显然是把"中"理解为名词的。因此荀子所说的"中"虽然与孔孟有了一定的差异，但从基本精神上看依然是一脉相承的。

荀子又有"中正"之说："故君子居必择乡，游必就士，所以防邪辟而近中正也。"（《荀子·劝学》）这里的"中正"是正直之义，主要指人的道德品行而言，是儒家"君子"人格的基本要求，这可以说是对孔孟的直接继承。荀子还有"中声"与"中和"之说："故《书》者，政事之纪也；《诗》者，中声之所止也……《礼》之敬文也，《乐》之中和也，《诗》《书》之博也，《春秋》之微也，在天地之间者毕矣。"（《荀子·劝学》）这里的"中声"

---

[1] 王天海：《荀子校释》，上海古籍出版社，2005，第280页。

与"中和"是紧密联系的,所谓"中声"也就是"中和之声"。"中和"是儒家对音乐的基本要求,含有中正平和、温柔敦厚的意思。孔子谈到音乐的时候有"尽善尽美"之说,要求音乐的声调不仅要美妙动听,更要符合道德原则。在这里最重要的就是情感的表达要有节制,不能过分激烈。也就是要"乐而不淫,哀而不伤"(《论语·八佾》)。或者用汉儒的话说就是"发乎情,止乎礼义"(《毛诗序》)。这是儒家用礼义规范文学艺术的基本原则的表现,也是中国古代以儒家为核心的美学思想的集中体现。

总之,经过孟子和荀子两位儒学大师的重新阐释之后,"中"这个概念的内涵更加丰富起来,其中包含了政治、道德和美学等多重意涵,终于成为儒学话语系统中具有核心地位的价值范畴。

第三节 《易传》和《中庸》关于"中"与"中庸"的思想

《易传》由《彖传》上下、《象传》上下、《系辞》

上下及《文言》《序卦》《说卦》《杂卦》等十篇文字组成,是专门用来解释和阐发《易经》这部书的,所以又称为"十翼"。古代儒家多认为《易传》是孔子所作,现代学者基本认定为战国后期儒家学者所作。《易传》是先秦儒家典籍中使用"中"这一概念最多的一部,对"中"的含义亦有独到之理解。下面我们就来看一看《易传》里"中"的概念。

《周易·师·彖》有"刚中而应"[1]一语,张载(1020—1077)解释说:"刚正、刚中,则是大人圣人得中道也。"[2]"刚",刚健;"中",中正无邪。这是说卦之人以儒家道德观念解读"师"之卦辞的结果。又同卦"六五"爻辞有"长子帅师"句,《象传》释曰:"长子帅师,以中行也。""中行"即"中道而行",是指人的行为合乎儒家伦理规范。又"比"之卦辞有"永贞无咎"之语,意为占问无害,其《彖传》释云:"永贞无咎,以刚中也。"此"刚中"意为刚健而能行于中道,同样是以儒家观念来解读卦辞的产物。又如"同人"卦之卦辞有"同人于野,亨。利涉大川"句,《彖传》释云:"文

---

[1] "刚中而应"意思是:刚健居中者在下,相应于尊者。
[2] 张载:《横渠易说》,载丁原明《横渠易说导读》,齐鲁书社,2004,第69页。

第一章　先秦儒家典籍中"中"与"中庸"之诸义

明以健,中正而应,君子正也。惟君子为能通天下之志。"这里的"中正"是指人正直无私,行事不偏不倚,这也是依据卦辞之意与卦中各爻所处位置来借题发挥式地阐扬儒家思想。

《易传》可以说是"究天人之际"的学问,其主旨是借宇宙万物大化流行、生生不息的特点来弘扬一种积极进取、自强不息的君子人格精神。因此,《易传》的"中"概念便常常与"刚""正""直"等概念相连。与孔孟阐述的"中"相比,《易传》之"中"似乎阳刚之气更多一点。"乾"卦《象传》云:"天行健,君子以自强不息。""坤"卦《象传》云:"地势坤,君子以厚德载物。"是说君子既要像上天那样大化流行、奋斗不止,又要像大地那样承载万物、宽厚仁德。儒家就是要向天地学习,学习天地自然化育万物的神奇伟力与不自矜、不自伐、默默运作的谦逊品格。这就是儒家的人格追求,也是"中"与"中庸"的文化底蕴之所在。

《礼记》是"三礼"之一,也是著名的儒家经典《十三经》之一。现在一般认为《礼记》成书于战国后期至西汉前期,其中包含了大量先秦儒家关于"礼"的讨论。《礼记》中有《中庸》一篇,古人多认为是孔子之孙子思所

"中"与"中庸":不同凡响的生存智慧

作。近现代学者经考证则认为《中庸》既保留了部分子思的原话,又加入了战国中后期儒家的思想。《中庸》中所阐述的思想与《孟子》甚近,孟子又是子思的再传弟子,因此学界一般把二人所代表的思想系统称为"思孟学派"。此派学说从两汉至唐朝中叶长达一千年的历史长河中都不大为人所重,而到了宋代二程和朱熹等人那里,《中庸》和《孟子》就成为心性之学的主要思想资源。

在《中庸》里,"中"既有道德价值意义又有哲学本体意义,具有极为丰富而深刻的思想内涵。其云:

> 喜怒哀乐之未发,谓之中;发而皆中节,谓之和。中也者,天下之大本也;和也者,天下之达道也。致中和,天地位焉,万物育焉。[1]

这里的"中"内涵极为丰富,从字面来看,至少包含下面五个层次的意义:第一,"中"是这样一种个体心理状态,它能够产生各种情感但是尚未产生任何具体情感,是混沌未凿的浑然状态。"未发"是指某种具

---

1 朱熹:《四书集注》,岳麓书社,1987,第25页。

第一章　先秦儒家典籍中"中"与"中庸"之诸义

体情感的潜伏状态，或者说是作为可能性而存在的情感。它确实存在着，但人们无法直接觉知它的这种存在。人们之所以知道它的存在乃是从它"发"之后逆向推导出来的。第二，"已发"是指喜怒哀乐等具体情感表现出来的状态，只要这种情感表现符合人伦规范，也就是"中节"，或者说是恰如其分、无过无不及，即称之为"和"。也就是说，"和"可视为"中"之外在显现。如果借用精神分析主义的概念，"未发"的"中"有点像"无意识"状态，人是无法直接觉知到它的；"发而皆中节"的"中"有点像是遵循着"现实原则"的"意识"，不仅为人所觉知，而且可以为人所操控。第三，"中"是"天下之大本"，即天地万物之本根。也就是世界上一切存在物之存在的根据。第四，"中"的外在显现"和"，则是"天下之达道"，即天地万物共同遵守的基本规则。第五，如果能够实现"中和"规则于全天下，那么天地万物就会各正其位，一切生命均得以孕育繁衍。如此看来，"中"既是一种人之内在世界混沌的存在样态（即未发之"中"），又是人的精神价值之实现（即"发而皆中节"之"中"）。如果把这一道理推及宇宙世界，那么这个"中"还是天地万物存在之本原、运演之法则。

"中"与"中庸"：不同凡响的生存智慧

这就是《中庸》这段话表达的意思。"中"这个概念既是主体性的，又是客观性的；既是认知性的，又是价值性的；既是功能性的，又是本体性的。但这如何可能呢？其中的逻辑如何贯通呢？孔颖达解释说："喜怒哀乐缘事而生，未发之时，澹然虚静，心无所虑而当于理，故谓之'中'。……喜怒哀乐之情虽复动发，皆中节限，犹如盐梅相得，性行和谐，故云'谓之和'。……情欲未发，是人性初本，故曰'天下之大本也'。……情欲虽发而能和合，道理可通达流行，故曰'天下之达道也'。'致中和……'言人君所能至极中和，使阴阳不错，则天地得其正位焉，生成得理，故万物得其养育焉。"[1] 这是程朱理学出现之前古人对这段话最通达的解释了。今人劳思光（1927—2012）说："至正无偏的心灵境界，显出万有之最后根源；调和无滞的心灵境界，显出万事的普遍法则。能达成这两种境界，则宇宙定其位，万物流行不息。"[2] 这里的意思是说，人所处的"中"的心灵境界就是天地万物存在的最后根源之显现；人所达到的"和"的心灵境界就是对世界上的事情之普

---

[1] 孔颖达：《礼记正义》，上海古籍出版社，2008，第1989—1990页。
[2] 劳思光：《大学中庸译注新编》，香港中文大学出版社，2000，第44页。

遍原则的显现。能够实现这两种境界,则天地各安其位,万物繁衍不息。表述方式不同,实质上与孔颖达是一脉相承的。孔颖达和劳思光的解释如果成立需要一个前提:这就是人与天地自然是一个整体,它们有着共同的存在依据与运动规则。对此我们可从下面几个层面进一步予以阐释。

其一,《中庸》赋予"中"以多重含义的逻辑前提是天人合一、物我一体的观念,这是儒家乃至整个中国古代哲学中的一个基本观念。离开了这一前提则无法解释"中"何以会具有"大本"与"达道"的双重意义。在《中庸》看来,人之所具均为天之所予,人与天地存在着紧密的内在关联性,天地变化会影响到人,人的行为也同样会作用于天地。虽然《中庸》的作者并没有像后来的董仲舒那样主张机械的"天人感应",但对于天与人之间的紧密关联性却是丝毫也不怀疑的。因此按照《中庸》的逻辑,发挥人之主体力量亦可参赞天地之化育。"中"既存之于人心,又具之于天地万物,所以"中"既是价值论、心理学范畴,又是本体论范畴。对于人来说,"中"就是"人伦",即为社会所肯定的行为规范;对于天地自然来说,"中"就是"物理",也就是事物自身的固有特性与法则。把人伦道德与自然法则看作是一个有机整体,这恰恰是中国古代哲学范畴的一大特色。诸如"道""性""理""气""诚"等儒家核心概念都有这一特点,它们既表现在生命个体之上,又存在于自然宇宙之中。中国古人总是极力寻找人与自然之间的共同性,而对二者的差异性则似乎视而不见,明显缺乏追问的兴趣。这也是中国古代哲学与西方哲学传统的根本区别之一。

其二,"中"即是"道"。《中庸》篇首即言"天命之谓性,率性之谓道,修道之谓教",可知"性"与"道"本为一体,无法分拆。"性"也就是"未发之中",是人秉受于天之道而来的。在天谓之道,在人谓之性。朱熹说:"喜怒哀乐,情也。其未发,则性也,无所偏倚,故谓之中。……大本者,天命之性,天下之理皆由此出,道之体也。"[1]《中庸》引孔子之言云:"道之不行也,我知之矣:知者过之,愚者不及也。"可知"道"即是"无过无不及",即是"中"。朱熹亦注云:"道者,天理之当然,中而已矣。"[2] 由此可知,"性""道""中"

---

[1] 朱熹:《四书集注》,岳麓书社,1987,第26页。
[2] 同上,第28页。

第一章 先秦儒家典籍中"中"与"中庸"之诸义

等根本上都是一回事,只是从不同角度来说而已。"道"存之于天地万物,叫作"道"或"天理",它存于人的身上,则称为"性",就其存在于人心之内且尚未表现于外而言又称为"中",其所存之处不同、表现方式各异,而其理则一般无二。但人禀天地之灵气而生,自不会同于动植物,人具有自我理解、自我反思的能力,所以人能明确了解"道"既存于万物,又存于人心的特性,因此能靠有意识的努力去顺应、发扬大道使内外相契合。《中庸》云:"成己,仁也;成物,知也。性之德也,合外内之道也,故时措之宜也。"[1] 此"成己成物"与"合外内之道"可以说是《中庸》之核心精神,也是儒家所理解"天人合一"的真谛所在。其关键之点就在于人作为有意识的个体生命自觉与宇宙大生命的和谐一致。因此,"中"作为"性""道"之异名,就必然是存于内而显于外了。

其三,在《中庸》的语境中,"中"也就是"诚",指的是人与万物本自具足的、真诚无伪的基本特性。何以见得呢?首先,二者同为天地万物存在之依据——"中也者,天下之大本也","诚者物之终始,不诚无物"。

---

[1] 朱熹:《四书集注》,岳麓书社,1987,第28页。

可知没有"中"这个"大本",天下万物就不会存在。同样,万物离开了"诚",也同样不成其为万物。二者都具有本体性质,所以实为一体。其次,"中"和"诚"又都是指人之心理状态及万事万物自然而然、浑然未化之情状:"喜怒哀乐之未发,谓之中。""诚者不勉而中,不思而得,从容中道,圣人也。""诚者自成也,而道自道也。"这都是在讲一种人与物共有的自在本然性。由此可知"中"即等于"诚"。《中庸》论"诚"即是以"合外内之道"为指向的,认为"诚"是人与万物的共同品性,亦是人靠个体人格修养及主观努力而能够参赞天地之化育的必要条件。"中"也同样如此。

总之,《中庸》赋予了"中"以多重意义,从而使其成为儒学概念系统中最复杂难识而又最重要的一个核心范畴。所以说程颐"中字最难识,须是默识心通"[1],堪称知言之论。

除了"中"以外,《中庸》里又有"中庸"和"时中"两个重要的衍生概念:"仲尼曰:'君子中庸,小人反中庸。君子之中庸也,君子而时中;小人之〔反〕中庸也,

---

[1]《河南程氏遗书·伊川先生语四》,收入《二程集》上册,中华书局,1981,第214页。

第一章　先秦儒家典籍中"中"与"中庸"之诸义

小人而无忌惮也。'"朱熹解释说:"中庸者,不偏不倚,无过不及,而平常之理,乃天命所当然,精微之极致也。惟君子为能体之,小人反是。"[1]这段话的基本意思是说,君子作为有教养的人,会自觉恪守中道而行的准则,随时随处都能够做到恰如其分,绝对不会失去规范,放任自流。小人作为没有教养的人就会唯利是图、肆无忌惮,根本不顾什么规则,他们的行为是与"中庸"背道而驰的。可知这里的"中庸"与前面论述的"中""中道""中行"含义是一致的。下面我们主要讨论一下"时中"这个概念。

在《易传》和《中庸》中都有"时中"这个概念。例如《周易》"蒙"卦之《彖传》云:"蒙,亨,以亨行,时中也。"《中庸》云:"君子之中庸也,君子而时中。"张载释《彖传》之"时中"云:"时之义甚大。……教者但观蒙者时之所及则道之,此是亨行时也;此时也,正所谓如时雨化之。如既引之中道而不使之通,则是教者之过;当时而道之使不失其正,则是教者之功。"[2]朱熹则注云:"得其时之中。"[3]观二人之释文,可知"时

---

[1] 朱熹:《四书集注》,岳麓书社,1987,第27页。
[2] 张载:《横渠易说》,载丁原明《横渠易说导读》,齐鲁书社,2004,第66页。
[3] 朱熹:《周易本义》,何誉整理,中央编译出版社,2010,第39页。

中"是指在不断变化着的任何情况下("时")总是能找到最正确的行为路线("中")——其标准自然是儒家道德原则。"时"是指特定情境、条件,"中"则是恰当的行为准则。朱熹注前引《中庸》之"时中"云:"君子之所以为中庸者,以其有君子之德,而又能随时以处中也。"[1] 与前条注文相参照,我们可知"时中"并不是说在任何时候都要坚持一成不变之规矩,以不变应万变,而是说要根据情境与条件的变化随时调整自己的行为准则。在这里,"中"乃是一个"变量",它随"时"而变。"中"乃"时"之"中","时"不同则"中"亦不同。一切"时"各有其"中",君子则善于"随时以处中"——依据变化了的情势而找到特定的最佳行为准则。如此,则"时中"是使儒家一般道德准则在不同事情上得以具体体现的行为策略,已经是"执中"与"权"的结合了。

张载对"时中"的解释着眼于人内心的道德自律,他说:"无成心者,时中而已矣。"[2] 清人张伯行(1651—1725)释云:"成心,私意也。"又说:"其于万物万事

---

[1] 朱熹:《四书集注》,岳麓书社,1987,第27页。
[2] 《张载集》,中华书局,1978,第25页。

第一章　先秦儒家典籍中"中"与"中庸"之诸义

随时顺应而各得其中,所谓君子而时中者也。"[1] 张横渠以"无成心"来规定"时中"之义,其着眼点乃在主体人格修养之上。这意味着,只要人能无私心私意,则不论面临何种情势,均可中道而行。如此一来,就可以不必事先即存"随时""顺时"的准备,只预先营构好自身的精神世界就一切问题都解决了。这显然与孔子"天下有道则见,无道则隐"(《论语·泰伯》)以及孟子"穷则独善其身,达则兼善天下"(《孟子·尽心上》)的思想有了一定距离:一是随外在条件来调整个体行为,一是以个体修持来应付外在变化;一是强调外在条件,一是强调心灵建构。程颐尝言:"心不通乎道……虽使时中,亦古人所谓亿则屡中,君子不贵也。"[2] "亿则屡中"是《论语·先进》载孔子评子贡之语。这里的"亿"是猜测、臆度的意思。依朱熹之注,此"言子贡不如颜子之安贫乐道,然其才识之明,亦能料事而多中也"[3]。二程此言是说只有靠心灵自我提升而达于天地之道,才算真正完成了人格修养,倘靠小聪明而偶合于

---

[1] 张伯行辑:《濂洛关闽书》卷二,收入"丛书集成"初编本,商务印书馆,1935,第43页。
[2] 程颐:《答朱长文书》,收入《二程集》上册,中华书局,1981,第601页。
[3] 朱熹:《四书集注》,岳麓书社,1987,第185页。

道那是不足贵的。然而如何才能"通乎道"呢？二程云："学莫贵于知言,道莫贵于识时,事莫贵于知要。"[1]这就是说,"道"与"时"具有某种相通之处,心能通乎道,亦能应乎时,能应乎时,亦能通乎道。"道"即含于"时"之中。因此,"应时""随时"亦即"中道而行"。"时中"于是便与儒家道德精神相沟通了。这里既有不可动摇的原则性,又有很大的灵活性,体现的是一种不同凡响的人生智慧。

先秦儒家之所以特别重视"中"和"中庸"并不是偶然的,考其原因,大要有三:其一,儒家学说的最终目的是改造现实社会,建立新的社会价值秩序,是政治性的,但是儒家士人手中既没有权力,也没有财富,缺乏有效的政治手段,他们就只好采取道德教化的方式,试图通过改造人心,首先是改造执政者之心来达到政治目的。因此儒家强调"中"和"中庸"的重要性,实质上是要告诫人们应该道德自律,要有原则,不要任意而为。其二,儒家士人有着远大理想,自知"任重而道远",他们把"中"和"中庸"作为时时恪守的行为准则,是

---

[1]《河南程氏遗书·伊川先生语十一》,收入《二程集》上册,中华书局,1981,第320页。

第一章　先秦儒家典籍中"中"与"中庸"之诸义

为了使自己成为一个道德典范,以便于有足够的自信心和影响力去说服那些执政的诸侯君主们。他们认为,只要能够中道而行,就可以立于不败之地。其三,儒家奉行的是现实主义路线,反对偏激,无论是政治理念还是人格修养,都主张合情合理、恰如其分,不像墨家、道家、法家那样极端[1]。"中"和"中庸"就可以看作是他们这种现实主义品格的话语表征。

---

[1] 墨家的"兼爱"是极端,道家的"无为"是极端,法家的"法"也是极端,都与现实中的人情事理有较大距离。

第二章

经学语境下的"中"与"中庸"

与春秋战国时期的诸侯割据不同,西汉是天下一统的政治格局。儒学也从子学变为经学,从诸子百家中的一种上升为占主导地位的国家意识形态。在这样的情况下,儒家士人通过解释经典一方面来为汉朝统治寻找合法性依据,另一方面也暗中编织起限制君主权力的"软笼子"。他们对"中"和"中庸"的理解也与这种意识形态建构密切相关。这一阶段对"中"和"中庸"的阐述,在西汉以大儒董仲舒(约前179—前104)为代表,在东汉则以作为经学之集大成的《白虎通义》及《中论》为代表。

第一节　董仲舒、扬雄对"中"之意旨的阐发

汉高祖刘邦(前256—前195)建立汉朝政权之后,士人阶层渐渐失去了先秦士人所拥有的"游"的自由,由于失去了择主而仕的权利,他们那种"为王者之师"的气概也就大打折扣了。士人如果想在政治上有所作为,唯一的选择就是和汉朝统治者合作,成为炎汉王朝[1]的官员。但是即使如此,士人们那种制约、引导、匡正君主的动机却丝毫没有消减,那种自认为是"道"的承担者、欲按照自己的意愿重新建立社会价值秩序的努力也从未停歇:在这方面董仲舒是有代表性的。

董仲舒,西汉著名儒家思想家,公元前134年上著名的"天人三策",建议"罢黜百家,独尊儒术"、立《五经》博士,均被汉武帝采纳。他的代表作《春秋繁露》是一部政治哲学著作,除了论证儒家伦理道德思想的价值以外,还广泛讨论了"天人感应"以及君主如何治理国家等问题。董仲舒提出"中适之宜"的说法:"是故君意不比于元,则动而失本;动而失本,则所为不立;所为

---

[1] 汉朝因尚火德故称为炎汉。

第二章　经学语境下的"中"与"中庸"

不立,则不效于原;不效于原,则自委舍;自委舍,则化不行;用权于变,则失中适之宜;失中适之宜,则道不平、德不温;道不平、德不温,则众不亲安;众不亲安,则离散不群;离散不群,则不全于君。"[1]这段话的主旨是说,如果君主不能按照君主所应该做的那样处理政事,就会偏离正确的原则,最终导致众叛亲离。这里的"中适之宜"是指按照正确的政治原则来做事。董仲舒告诫君主,一定要懂得君主的责任与义务,依为君之道行事。董仲舒的"中适之宜"思想无疑是从先秦儒家那里的"中"和"中庸"思想继承下来的,但也明显地带上了时代的色彩,直接成为对于君主的规范了。

董仲舒为了使儒家学说为君主所采纳,提出了"天人感应"的观点,认为天上的日月星辰、云雨雷电与人间的事物之间存在着相互感应的关系,人的行为,主要是君主的行为之善恶都会在天象中有所显现,因此人的行为必须与天地相应而不相悖才行。为政如此,养生同样如此。他又接受了阴阳家的思想,认为阴阳二气乃是贯穿于天地万物与人世间的基本元素,这可以说是天人之间能够相互感应的根本原因。他对"中"的阐释也是

---

[1] 苏舆:《春秋繁露义证》,中华书局,1992,第290页。

在"天人""阴阳"的框架下展开的。他说:

> 中者,天地之所终始也,而和者,天地之所生成也。夫德莫大于和,而道莫正于中,中者,天地之美达理也,圣人之所保守也,诗云:"不刚不柔,布政优优。"此非中和之谓与!是故能以中和理天下者,其德大盛;能以中和养其身者,其寿极命。……君子法乎其所贵,天地之阴阳当男女,人之男女当阴阳。阴阳亦可以谓男女,男女亦可以谓阴阳。……中者,天之用也,和者,天之功也,举天地之道,而美于和,是故物生皆贵气而迎养之。[1]

在董仲舒看来,天地万物皆为阴阳二气交感所生,阴气与阳气保持平衡的状态就是"中",阴阳二气氤氲交融就是"和"。天地的运行从"中"开始又止于"中",而天地万物都产生于阴阳二气之交融。因此,作为阴阳二气之平衡状态的"中"乃是贯穿于自然宇宙与人世之间的正道;而作为阴阳二气完美融合状态的"和"则是天地万物生成的原因。所以一个君主如果按照"中

---

1 苏舆:《春秋繁露义证》,中华书局,1992,第444页。

第二章　经学语境下的"中"与"中庸"

和"的精神来管理天下,就会取得极大的成功;一个生命个体如果按照"中和"的精神来养生,就会得到很长的寿命。《中庸》里曾有"中也者,天下之大本也"之说,但却没有解释为什么。董仲舒从天地自然之间阴阳二气的关系的角度把这个问题解释清楚了:因为"中"乃是指宇宙之间阴阳二气的平衡状态,这是天地万物得以存在的基础,在这个意义上说"中也者,天下之大本也"就顺理成章了。董仲舒所理解的"中"与"中和"更进一步发展了《中庸》"合外内之道"的思想,并使之更加细密了。与《中庸》不同的是,在董仲舒这里,"中"所蕴含的匡正、警示君主的意味更加明显了。

扬雄(前53—18)是西汉后期著名儒学思想家,有追比圣贤的伟大志向,曾仿效《论语》作《法言》,仿效《易经》作《太玄》。"中"在扬雄这里也是一个重要的概念。请看下面的对话:

> 或问:"交五声、十二律也,或雅或郑,何也?"曰:"中正则雅,多哇则郑。""请问本。"曰:"黄钟以生之,中正以平之,确乎郑、卫不能入也!"[1]

---

[1] 韩敬译注:《法言》,中华书局,2012,第36页。

这里的"五声"是指音阶,"十二律"是指音高,都是中国古代音乐术语。"雅"是指雅乐,是从西周(前1046—前771)已降历代相传的官方音乐;"郑"即"郑声"或"新声",指春秋时期产生于郑国、卫国等地的民间乐曲。同样是由"五声"和"十二律"构成的音乐,为什么会有"雅""郑"的区别呢?扬雄认为声音"中正"的就是雅乐,声音"多哇"的便是郑声。在这里,"中正"是指音乐表达的情感适度,用《毛诗序》的说法就是"发乎情,止乎礼义",用孔子的话说就是"乐而不淫,哀而不伤"(《论语·八佾》)。总之是要求音乐表达情感要有节制,恰到好处。对音乐的这一要求实质上是对人的要求:作为儒家理想人格的基本品质,"中正"就是正道而行,无所偏倚。作为儒家的根本原则,"中"的表现是无处不在的,在人的行为中、在政治事务中都要求遵守这一原则。用扬雄的话说就是:"圣人之道,譬犹日之中矣!不及则未,过则昃。"[1] 圣人之道就像中午的太阳一样处于天的正中,没有达到正中时就不够明亮,超过正中时就开始偏斜了。无论自然还是人事,"中"都是指那种恰到好处的状态。这也表现在政事中:"什一,

---

[1] 韩敬译注:《法言》,中华书局,2012,第36页。

天下之中正也。多则桀,寡则貉。"[1]只有十税一才是最恰当的,税率过高就近于暴虐的夏桀了,如果收的税比十税一还要少,那就近于没有开化的野蛮人了。

第二节 《白虎通义》对"中""中和"等概念的解释

东汉开国皇帝刘秀(前6—57)以及他之后的几位帝王都极为重视经学,因此经学(无论是今文经学还是古文经学)得到空前的发展。然而由于经学传承各有统序,师法、家法互不相属,在古文经学与今文经学以及二者内部都出现了关于经义理解上的严重分歧。鉴于此,东汉章帝(57—88)建初四年(79),朝廷组织大臣在洛阳白虎观讨论五经同异,目的是调和今文经学与古文经学的分歧,统一经义。当时许多一流学者,如贾逵(30—101)、班固(32—92)、丁鸿(？—94)等都参与了讨论。会后章帝命班固把会议讨论的结果整理出来,这就是流传至今的《白虎通义》,又称为《白虎通》或《白虎通

1　韩敬译注:《法言》,中华书局,2012,第253页。

德论》。由于有皇帝和朝廷重臣的直接参与,这部书就不仅是纯粹的学术讨论,而且是一套对于稳定和强化既定社会秩序有重要作用的完备的官方意识形态体系。可以说,这是一部融合了君主集团和士大夫阶层思想观念与价值取向的文献,是东汉时期官方意识形态的集中呈现。因此,这部书对于"中"或者"中和"的理解就更多地带有政治色彩,而大大减少了伦理道德意涵,例如:

> 五帝者,何谓也?《礼》曰:黄帝、颛顼、帝喾、帝尧、帝舜,五帝也。……黄者中和之色,自然之性,万世不易。黄帝始作制度,得其中和,万世常存,故称黄帝也。[1]

"五帝"是传说中上古时期(夏商周三代之前)的君主,历来为儒家所推崇。特别是作为五帝之首的轩辕黄帝更被视为中华民族之始祖。在东汉的经学家看来,黄帝之所以称为黄帝乃是因为"黄"是"中和之色",在"五色"之中最为尊贵。当然人们之所以用"黄"为"五帝之首"的谥号,主要是因为他对于中国政治文化的发

---

1 陈立:《白虎通疏证》,中华书局,1994,第53页。

第二章　经学语境下的"中"与"中庸"

展有大贡献：

> 黄帝始制法度，得道之中，万世不易……后世虽圣，莫能与同也。后世德与天同，亦得称帝，不能制作，故不得复称黄也。[1]

为天下初创法度，确立了人伦规范，使人成其为人，真正脱离动物界，这是至高无上的功勋，故而必须以五色中最为尊贵的颜色为之命名。清代陈立（1809—1869）引《通典》注云："黄者，中和美色。黄承天德，最盛淳美，故以尊色为谥也。"[2] 可见"中"和"中和"正是"万世不易"的典章制度、人伦大法的基本特征。先是把黄色说成是"中和之色"，继而说黄帝创制的制度即以"中和"为本，故而可以"万世不易"，这无疑是把"中和"阐释为现实政治制度之合法性依据了。在儒家看来，正是由于有了黄帝开创的、夏商周三代继承并完善的典章制度与人伦规范，秉承了中和的精神，中国才成其为中国。

1　陈立：《白虎通疏证》，中华书局，1994，第70页。
2　同上，第70页。

第三节 《中论》与《中说》对"中"义之阐发

到了东汉后期,皇帝大都暗弱昏聩,外戚和宦官把持朝政,与士大夫集团矛盾尖锐,导致朝政混乱不堪,经学也出现繁琐考证与神学化两种倾向。及至汉末,天下大乱,军阀割据,作为主流意识形态的儒学受到沉重打击,文人士大夫们或者奔走于豪强之门,希望于乱世之中建功立业,或者沉浸于诗词歌赋之中寻求个体精神的满足,或者游心于老庄之学以求心灵之慰藉,儒学研究于是式微了。然而就在这样一种历史语境中,有一位儒者却不为时风所染,潜心多年,著成《中论》一书,阐发儒学义理,使儒家中正平和精神得以赓续。这位儒者就是在文学上名列"建安七子"之中的徐干(170—217)。这部书为什么取名《中论》呢?何为而作呢?作者同时代的无名氏为之所作的序言中说得很清楚:"统圣人中和之业,蹈贤哲守度之行,渊默难测,诚宝伟之器也。君之性,常欲损世之有余,益俗之不足。见辞人美丽之文,并时而作,曾无阐弘大义、敷散道教、上求圣人之中、下救流俗之昏者,故废诗、赋、颂、铭、赞之文,

第二章 经学语境下的"中"与"中庸"

著《中论》之书二十篇。"[1] 由此可知,徐干作《中论》一书,一是为了"上求圣人之中",即继承弘扬孔孟以降历代儒家所遵循的中正平和之道;二是为了"下救流俗之昏者",即唤醒人们的道德精神,从而扭转世风日下之颓势。所以在徐干这里,"中"主要是人能够恪守礼义,在道德上达到正直平和。他说:"仲尼之没,于今数百年矣,其间圣人不作,唐、虞之法微,三代之教息;大道陵迟,人伦之中不定。"[2] 这里的"人伦之中"就是指人的行为符合儒家礼义廉耻的标准。这里明显又倾向于伦理道德方面了。他又说:"奉圣王之法,治礼义之中,谓之士。"[3] 这是说,"士"的基本要求除了服务于君主之外,就是能够奉行儒家的礼义原则。他还说:"故恭恪廉让,艺之情也;中和平直,艺之实也。"[4] 这里的"艺"是指"六艺",即礼、乐、射、御、书、数。"六艺"是古代圣人所创造的文化形式。在徐干看来,"六艺"呈现出来的形态情状应该是"恭恪廉让",即是恭敬、诚恳、谦让的;其内在精神则应该是"中和平直",即是不激

---

[1] 无名氏:《中论·序》,载《申鉴、中论、傅子》,上海古籍出版社,1990,第3页。
[2] 徐干:《中论》,载《申鉴、中论、傅子》,上海古籍出版社,1990,第26页。
[3] 同上,第30页。
[4] 同上,第20页。

不厉、正道直行的。这都是对人的伦理道德方面的要求。但在君主官僚政体之下,社会的公平合理、政治清明根本上还有赖于君主的作为,所以徐干最终的目的依然是匡正君主:"故先王明恕以听之,思中以平之,而不失其节也。"[1]这里的"明恕"是聪明宽和的意思,"中"是"公平""公正"的意思,即要求君主赏罚分明、恪守中道,这就又具有了鲜明的政治意味了。

魏晋南北朝(220—589)的三个多世纪之中,南北对峙,朝代更迭频繁,战乱不止。在文人士大夫的精神生活中,疏离于政教伦理的玄学与诗词歌赋、琴棋书画等都居于重要位置,得到极大发展,儒学在很大程度上受到冷落。及至隋朝(581—618)重新统一天下,儒家士人又激发起重振儒学的志向,在这方面王通(584—617)具有代表性。

王通,号文中子,是隋朝一位有大志向的儒者,以圣人自期,曾模仿儒家经典作《续书》《续诗》《元经》《礼经》《乐论》《赞易》等,后均散佚。今存《中说》(《文中子说》)是王通的弟子模仿《论语》体例编订的。关于这部书何以以"中"命名以及全书的主旨,宋儒阮逸

---

[1] 徐干:《中论》,载《申鉴、中论、傅子》,上海古籍出版社,1990,第47页。

第二章　经学语境下的"中"与"中庸"

（约1002—？）为其所作的序中说得很透彻："大哉,中之为义!在《易》为二五,在《春秋》为权衡,在《书》为皇极,在《礼》为中庸。谓乎无形,非中也;谓乎有象,非中也。上不荡于虚无,下不局于器用;惟变所适,惟义所在:此中之大略也,《中说》者,如是而已。"[1]这段文字的大意是说"中"既不是毫无形迹可寻的虚无,也不是可以用感官把握到的具体存在,它永远处于变化之中,却又始终合乎人伦大义。这便是"中"的基本精神,也是这部《中说》之主旨所在。阮逸的这一看法是符合实际的,《中说》中处处表达了对当时社会政治黑暗、道德沦丧状况的批判,其所表达的正是儒家中正平和的精神:为人则"曲而不谄,直而有礼"[2],对君主进谏则"直而不迫,危而不诋"[3],论天人关系则以人为主体,"天地之中非他也,人也"[4]。思孟学派那种"中"与"中庸"精神在王通这里得到了充分体现。

---

[1] 阮逸:《文中子〈中说〉序》,载《孔子集语、文中子中说》,上海古籍出版社,1989,第11页。
[2] 王通:《文中子中说》,载《孔子集语、文中子中说》,上海古籍出版社,1989,第22页。
[3] 同上,第27页。
[4] 同上,第39页。

第三章
程朱理学话语系统中的"中"与"中庸"

在思想文化领域，唐代是佛学大繁荣的时代，儒学受到外来文化的强烈冲击。中唐以后以韩愈（768—824）为代表的一批儒者奋起排佛，张扬儒家道统，但并未从根本上扭转局面。北宋之后，一大批儒家学者继承了韩愈的事业，着力挖掘儒学之心性义理内涵，以与佛禅之学相抗衡，最终形成了宋明理学思想体系。宋明理学继承并发展了先秦子思、孟子一派儒学以及《易传》精神，暗中又汲取了道家与佛学思想，是一种"新儒学"。"中"与"中庸"的思想在这里得到了进一步丰富与深化。

宋代一流的文人士大夫大都有成圣成贤的伟大理想，作为理学"北宋五子"[1]之首的周敦颐（1017—1073）的《通书》，其主旨就是讲"作圣之功"，也就是教人们如何做圣人的。因此对于宋明理学（无论是程朱理学还是陆王心学）而言，《易传》《中庸》和《孟子》具有极为重要的价值，其重要程度甚至可以说不下于《五经》和《论语》。《易传》和《中庸》对"中"之标举也自然在道学中产生了重大影响。

---

1 北宋五子指周敦颐、邵雍、张载、程颢、程颐。

第一节　张载宇宙论中"中"与"中庸"的含义

在理学家中,张载在宇宙论以及天人关系方面贡献最大。他对"中"与"中庸"的阐释也是在天人关系角度立论的。张载说:"不悟一阴一阳范围天地、通乎昼夜、三极大中之矩,遂使儒、佛、老、庄混然一涂。语天道性命者,不罔于恍惚梦幻,则定以'有生于无'为穷高极微之论。入德之途,不知择术而求,多见其蔽于诐而陷于淫矣。"[1] 又说:"中正然后贯天下之道,此君子之所以大居正也。盖得正则得所止,得所止则可以弘而至于大。"[2] 他的意思是说,如果不了解"中"或"中正"乃是贯穿于天、地、人三者之间的基本规范,其表现为阴阳之道的运行,那么就很容易把儒学与佛道之学混为一谈,陷入一种梦幻之境或虚无之中。人能够中道而行,即恪守"中"或"中正"的原则,就可以把握天地宇宙之间的大道,因为他知道应该在哪里停止,懂得应该在

---

[1] 《张载集》,中华书局,1978,第8页。
[2] 同上,第26页。

第三章　程朱理学话语系统中的"中"与"中庸"

哪里停止方能把自己提升到高远广大的境界之中。

既然"中"是贯穿于天地宇宙之间的基本规则，并不仅仅限于人的世界，那么人与天地宇宙是怎样的一种关系呢？在张载看来，人应该顺应自然宇宙的大化流行："神不可致思，存焉可也；化不可助长，顺焉可也。存虚明，久至德，顺变化，达时中，仁之至，义之尽也。"[1] 他认为，人不能试图改变天地自然的运演变化，对于天地自然的化育万物，人应该积极顺应，并且时时按照最恰当的方式规范自己的行为，如此就达到仁义之极致了。这显然是对《中庸》"惟天下至诚，为能尽其性。能尽其性，则能尽人之性；能尽人之性，则能尽物之性；能尽物之性，则可以赞天地之化育；可以赞天地之化育，则可以与天地参矣"思想的继承与发挥。张载所热衷的正是这样一种"合外内之道"的大学问。他说："知德以大中为极，可谓知至矣；择中庸而固执之，乃至之之渐也。惟知学然后能勉，能勉然后日进而不息可期矣。"[2] 这段话中提到的"中道""大中"都是指贯穿自然宇宙与人类社会的根本法则，这是唯有

---

1 《张载集》，中华书局，1978，第17页。
2 同上，第27页。

圣人才能达到的至上境界,对于一般人来说,只有坚持不偏不倚、无过无不及的原则,勤勉学习,持之以恒,方能渐渐接近这一高度。

张载关于"中"的阐释显然是对《中庸》与《易传》思想的综合,其根本特点在于试图打通人与自然之间的界限,把二者视为生命共同体,把个人的道德修养与自然宇宙的大化流行视为有着内在关联的现象。这也就是他在著名的《西铭》中所描述的境界:"乾称父,坤称母;予兹藐焉,乃混然中处。故天地之塞,吾其体;天地之帅,吾其性。民吾同胞,物吾与也。"[1] 因此在张载这里,所谓"中",其含义已经不限于一般意义上的道德伦理范畴了,根本上乃是人与自然宇宙所共有的生命法则。他的门人范育(生卒年不详)为《正蒙》所写的序中准确地概括了张载的这一思想:"故《正蒙》之言……要之立乎大中至正之矩。天之所以运,地之所以载,日月之所以明,鬼神之所以幽,风云之所以变,江河之所以流,物理以辨,人伦以正……本末上下贯乎一道,过乎此者淫遁之狂言也,不及乎此者邪诐之卑说也。"[2] 这个"本

---

[1] 《张载集》,中华书局,1978,第62页。
[2] 同上,第5—6页。

末上下贯乎一道"者,也就是"大中至正之矩",是贯通天人的根本法则。

第二节 "二程"心性论中"中"与"中庸"的位置

程颢、程颐兄弟均为宋明理学的代表人物,人们习惯于称之为"二程"。儒学之心性论正是在他们这里得以发扬光大的。

对于《中庸》的"喜怒哀乐之未发,谓之中;发而皆中节,谓之和"一段话,程颐作过如下阐释:"此章明中和及言其效。情之未发,乃其本心。本心元无过与不及……所取准则,以为中者,本心而已。由是而出,无有不合,故谓之和。非中不立,非和不行。所出所由,未尝离此大本根也。……极吾中以尽天地之中,极吾和以尽天地之和,天地以此立,化育亦以此行。"[1] 在这里,程颐把"未发之中"理解为"本心",也就是人

---

1 程颐:《中庸解》,收入《二程集》下册,中华书局,2006,第1152页。

禀受于天的本然之性。宋明理学秉承孟子"性善"之说，所以这种作为本然之性的"本心"是有善无恶的，故能无过无不及。人经过涵养道德，努力提升自己，就可以使这种自在本然之性得到充分发挥，从而与天地自然的固有法则相契合，天地因此而得立，万物因此而化生。这就意味着人以自己的智慧参与到天地化育万物的伟大过程之中了，这是对《中庸》思想的准确把握和阐发。

然而"中"既然是"未发"，那如何能够把握它呢？这是个问题。在程颐看来，实际上这个"未发之中"是无法言说的，请看下面这段对话：

> 或曰："喜怒哀乐未发之前，求中可否？"曰："不可。既思于喜怒哀乐未发之前求之，又却是思也。既思即是已发，才发便谓之和，不可谓之中也。"又问："吕学士言：'当求于喜怒哀乐未发之前。'信斯言也，恐无著摸，如之何而可？"曰："看此语如何地下。若言存养于喜怒哀乐未发之时，则可；若言求中于喜怒哀乐未发之时，则不可。"又问："学者于喜怒哀乐发时固当勉强裁抑，于未发之前当如何用功？"

第三章　程朱理学话语系统中的"中"与"中庸"

曰:"'于喜怒哀乐未发之前',更怎生求?只平日涵养便是。涵养久,则喜怒哀乐发自中节。"[1]

这就是说,"中"不能作为"思"——自省、内省、自我追问——的对象,因为人之"思"一旦及于"中",则已变为"已发",即是"和"了。这实际上便判定了"中"的不可言说性。也就是说,不能有意识地专门去寻找这个"中"。既然如此,那如何知道有"中"的存在呢?看程颐的意思是说,人只要去涵养,也就是用体认、涵泳的方式去进行道德的自我砥砺、自我提升,久而久之自然会达到行事中规中矩的境界,而到了这个境界,也就可以推知人的心中原有达于此境界的潜能,这个潜能也就是"中"了。换言之,"中"只是对那不可言说的潜能的命名而已。所以程颐又说:"'喜怒哀乐未发,谓之中',只是言一个中体[2],既是喜怒哀乐未发,那里有个什么?只可谓之中。如乾体便是健,及分在诸处,不可皆名健,然在其中矣。天下事事物物皆有中。'发而皆中节谓之和',非是谓之和便不中也,言和则中在

---

[1] 《河南程氏遗书·伊川先生语四》,收入《二程集》上册,中华书局,2006,第200—201页。
[2] 一作"本体"。

"中"与"中庸"：不同凡响的生存智慧

其中矣。"[1]这就是说，那个"未发之中"并非现实存在之物，而是一个先验本体，是一种"设定"。因此对它无法再予追问。至于已发之"中"，则不独于人，于万事万物俱有一个"中"在，它就存在于"和"之中。用现代哲学话语言之，则"中"可以看作是万事万物正常生长之可能性。对人而言，则是其成为善良仁德之人的可能性。也就是说，"中"是使万物感其为特定之物的内在规定性，是使人成其为人的内在规定性。因此"中"也就是"性"。人与万物循此规定性而生成演化则称为"和"。由此观之，所谓"中""和"云云，不过是指人与物各自之所应是而已。应是与否的标准自然是儒家传统之宇宙观与人生观。所以归根到底，"中"和"中庸"都是强调必须遵守儒家道德准则行事。如二程又云："不偏之谓中，不易之谓庸。中者天下之正道，庸者天下之定理。"[2]又说："敬而无失便是'喜怒哀乐未发之谓中'也。敬不可谓之中，但敬而无失，即所以中也。"[3]如此，则"中"又被理解为儒家的道德准则了。它又从本体

---

[1]《河南程氏遗书·伊川先生语三》，收入《二程集》上册，中华书局，2006，第180—181页。
[2]《河南程氏遗书·二先生语七》，收入《二程集》上册，中华书局，2006，第100页。
[3]《河南程氏遗书·二先生语二上》，收入《二程集》上册，中华书局，2006，第44页。

第三章　程朱理学话语系统中的"中"与"中庸"

之"中"而回归为伦理价值之"中"。这个伦理价值之"中"不同于作为自然宇宙之本体的那个"中",对它不仅可以追问、反省,而且能够"执"之。二程云:"人心,私欲也,危而不安;道心,天理也,微而难得,惟其如是,所以贵于精一也。精之一之,然后能执其中,中者,极至之谓也。"[1] 清人张伯行释云:"所谓中者,至当不易,增一毫则过,损一毫则不及,极至之谓也。"[2] 所谓"天理",字面上看是指自然之理,实际上也就是儒家推崇的伦理道德。将其说成自然之理,是为了赋予其神圣性。按照二程的逻辑,则人之行为只要做到不偏不倚、无过无不及,也就是"执中"——"中道而立"了。这样一来"中"之价值便实现于人之行为中,至于"中"在人心中究竟为何物,也就没有追问的必要了。儒家哲学常常都是这样让现实道德关怀阻绝形而上的玄远之思的。

《中庸》言"中"可以说是"天人二元论"的:"中"既各具人心而自足,是为个体价值范畴,属伦理道德领域;同时又是天地万物之本根,无物不有,是为宇宙论、本体论范畴,属客观存在领域。这种"天人二元论"的

---

[1]《二程粹言·心性篇》,收入《二程集》下册,中华书局,2006,第1261页。
[2] 张伯行辑:《濂洛关闽书》卷十一,收入"丛书集成"初编本,商务印书馆,1935,第173页。

"中"与"中庸"：不同凡响的生存智慧

思维方式在宋儒这里也得到继承。例如张载和二程共同的高足吕大临（1042—1090）就说："'天命之谓性'即所谓中，'修道之谓教'即所谓庸。中者，道之所自出；庸者，由道而后立。盖中者，天道也、天德也，降而在人，人秉而受之，是之谓性。……性与天道，本无有异，但人虽受天地之中以生，而梏于蠢然之形体，常有私意小知，挠乎其间，故与天地不相似，所发遂至于出入不齐，而不中节。如使所得于天者不丧，则何患不中节乎？"[1]吕大临开始是张载的学生，后来又投入二程门下，但在关于"中"的思考上，他似乎更多地受到张载的影响：在天人相通处言"中"时，更侧重于在"天之中"的一面。对吕大临的观点可作三个方面的理解：第一，"中"本是"天道""天德"，属于自然宇宙的基本属性，原本与人无干。后来人类才"受天地之中以生"。这即是说，"中"是天地自我生成、自我衍化的大道，同时也是人类产生的依据。第二，"中"不仅仅生成人类，而且还规定了人所以为人的特性，或者说是给予人以内在规定性。因此，在人的心里，与生俱来地都有一个"中"存在着。只是又由于人有肉体存在，有各种私欲、私意存在，

---

[1] 陈俊民：《蓝田吕氏遗著辑校》，中华书局，1993，第271页。

第三章　程朱理学话语系统中的"中"与"中庸"

故而其秉受于天的"中",在其"已发"时,就表现得参差不齐,有"和"有"不和",人的良莠贤愚也就因是而分。第三,"天地之中"降于人身则成为"性","性"也就是"恻隐、羞恶、辞让、是非"之心,也就是先验道德理性或仁义道德之潜在可能性。"中"是"天道","性"是"人道"。二者根本上是具有同一性的:"在物之分,则有彼我之殊;在性之分,则合乎内外、一体而已。"[1] 吕大临综合张载和二程的观点,对"中"的理解可谓透彻。

吕大临有时候在思考"中"的问题时又倾向于二程,侧重在"人之中"。他说:"喜怒哀乐未发之前,反求吾心,果何为乎?《易》曰'寂然不动,感而遂通天下之故。'《语》曰:'子绝四:毋意,毋必,毋固,毋我。'《孟子》曰:'大人者,不失其赤子之心。'此言皆何谓也?……惟空然后见乎中,而空非中也,必有事焉。……由空然后见乎中,实则不见也。"[2] 此处同样是于天人相通处言"中",而其侧重是在"人之中"。这里是在强调"中"为人本有之心,其存在与发用俱为自然而然之事。

---

[1] 陈俊民:《蓝田吕氏遗著辑校》,中华书局,1993,第271页。
[2] 同上,第273—274页。

倘若人能任其本心自然发用，无丝毫私意私欲于其间，则人的行为就会"中节"，就会"和"。因此，人心之"中"必须于"空"处求得。所谓"空"即是摒除私意私欲之意，"实"则是心为私意私欲占据之意。只有"空"方可使本然心体澄然显露，人才能"中道而立"。孔子的"四绝"（毋意、毋必、毋固、毋我），孟子的"不失其赤子之心"，均指人能够通过主观努力而使一己之心还原于"中"。

第三节　朱熹"体用论"框架中的"中"与"中庸"

朱熹论"中"亦承续《中庸》及北宋道学家传统，在"天"与"人"相契合处言之。具体而言，他是将"中庸"之"中"与"中和"之"中"分别阐释。其论"中庸"之"中"云："中者，不偏不倚，无过不及之名。"[1]又论"中和"之"中"云："喜怒哀乐，情也。其未发，则性也，无所偏倚，故谓之中。发皆中节，情之正也，无

1　朱熹：《四书集注》，岳麓书社，1987，第26页。

第三章 程朱理学话语系统中的"中"与"中庸"

所乖戾,故谓之和。"[1]此处基本上乃继承北宋理学家之成说,尚不见有异于二程及吕氏之释。朱熹的独到之处乃是在此基础上更进一步,以"体用"之说释"中"之义。

"体用"是中国古代哲学的重要范畴,"体"是指事物的内在规定性,它不可用感官来把握,却决定着事物的基本存在样式;"用"则是事物的外在表现,也是"体"的显现形式。"体"和"用"紧密相连,无法分拆开来。朱熹说:"大本者,天命之性,天下之理皆由此出,道之体也。达道者,循性之谓,天下古今之所共由,道之用也。"[2]赵顺孙(1215—1277)《中庸纂疏》引朱熹《语录》说:"未发之中是体,已发之中是用。"[3]可见,在朱熹看来,作为"体"的"中"是指人的各种感情未生之时的浑然心体而言,其时喜怒哀乐之情都处于寂然不动状态,故无所偏倚,所以称之为"中"。作为"用"的"中"则是各种情感发动之后所应守之"节"而言,它使情有所引导、规范而不至于滥。因其乃未发之"中"在"已发"之后的显现,所以这个"中"又具有"体"的性质,是兼体用而言的。这里的"体""用"之分,其实也就

---

1 同上,第26页。
2 朱熹:《四书集注》,岳麓书社,1987,第26页。
3 赵顺孙:《大学纂疏 中庸纂疏》,华东师范大学出版社,1992,第118页。

"中"与"中庸"：不同凡响的生存智慧

是西方哲学中的"超验"与"经验"之分。"体"之"中"是"未发"，正因其"未发"，故而在经验中是感知不到的，它只存在于逻辑推理之中，是"超验"的；"用"之"中"则可通过内省而自我觉察并自我恪守，是一种道德自律，因而是经验范围的事。在此基础上，朱熹又把"中""中庸""时中"等概念作了细致区分。让我们来看看朱熹和他的弟子的几段对话：

> 问："中庸名篇之义，中者，不偏不倚、无过不及之名。兼此二义，包括方尽。就道理上看，固是有未发之中；就经文上看，亦先言'喜怒哀乐未发之谓中'，又言'君子之中庸也，君子而时中'。"先生曰："他所以名篇者，本是取'时中'之'中'。然所以能时中者，盖有那未发之中在。所以先开说未发之中，然后又说'君子之时中。'"
>
> 至之问："'中'含二义，有未发之中，有随时之中。"曰："《中庸》一书，本只是说随时之中。然本其所以有此随时之中，缘是有那未发之中，后面方说'时中'去。"
>
> ……

第三章　程朱理学话语系统中的"中"与"中庸"

"中庸"之"中",本是无过无不及之中,大旨在时中上。若推其中,则自喜怒哀乐未发之中,而为"时中"之"中"。未发之中是体,"时中"之中是用,"中"字兼中和言之。

"中庸"之"中",是兼已发而中节、无过不及者得名。故周子曰:"惟中者,和也,中节也,天下之达道也。"若不识得此理,则周子之言更解不得。所以伊川谓"中者,天下之正道"。[1]

朱熹以"体""用"释"中"之二义,的确较前人更为细密精审,学理亦更圆融。在朱熹看来,"中庸"之"中"和"时中"之"中"都是从"用"的意义上来说的,只有"未发之中",也就是作为"天下之大本"的"中"才是从"体"的意义上说的。作为"用"的"中"一点也不神秘,它就是一种具体的道德规范,是要求人们在人伦日用之中自觉遵守儒家道德准则;作为"体"的"中"则是天地自然存在的根本依据,也就是"天之理",对人来说则是"人之性",看上去有点神秘,实则也不难理解:大地万物为什么会繁衍生长?人

---

[1] 朱熹:《朱子语类》(第四册),中华书局,1985,第1480—1481页。

为什么能够按照伦理道德原则为人处世？这些都不是凭空而生的，肯定有其内在依据，这内在依据就是那个作为"体"的"中"，换言之，作为"天下之大本"的"未发之中"乃是儒家思想家为包括人在内的万事万物之所以如此生、如此长的内在动因的命名。应该说朱熹的阐释是很透彻的，自孔子以降，儒家关于"中""中庸""时中"等概念的阐述都是在伦理道德，即"已发"的层面上展开的，如果仅从功用上说，原本没有必要去探究"未发之中"这一问题，但是自从佛学在隋唐时期大发展、大繁荣之后，迫使儒学必须在学理上为自己所主张的伦理道德寻找学理依据，于是儒学从章句之学、义理之学演变为心性之学，于是"未发之中"就成为宋明理学讨论的重要话题了。在理学语境中，"中"与"心""性""诚""良知"等概念属于同一层级的本体范畴，与"敬""静""思""涵泳""体认"等功夫范畴共同构成了儒家心性之学的主要内容。

第四章
心学话语系统的"中"与"中庸"

所谓"心学"是指宋明理学中的一个流派,以陆象山(1139—1193)、陈白沙(1428—1500)、王阳明(1472—1529)为代表。心学不满于程朱理学的天理与人性的二元结构,认为一切均统摄于心,从而提出了"心外无理,心外无事,心外无物"的观点。在心学看来,"中"与"中庸"也体现为人心的一种状态,并非客观存在之物。在陈白沙和王阳明那里,强调"中"与"中庸"的价值主要是为了张扬"心"统摄一切的主体意义,而到了"左派王学"[1]那里,就主要是为了规范君主了。

心学主张世上无心外之物、心外之理,一切均在人的心中,其学由南宋时期的陆象山开其端,明代中叶的王阳明集大成。明代前期的儒学大体上乃守成程朱,并无太多建树。中叶之后则自陈白沙、湛若水(1466—1560),至王阳明偏于心学一脉,可谓为儒学开出一片新天地,其所阐释的"中"自然亦主要是指人心之"中"。

---

[1] 左派王学指王阳明心学中的左派,代表人物是王艮。

"中"与"中庸":不同凡响的生存智慧

第一节 从陈献章到王阳明

陈白沙,即陈献章[1],明代中叶大儒。他在一封书信中说:"夫天下之理,至于中而止矣。中无定体,随时处宜,极吾心之安焉耳。"[2]由此可知,在陈白沙看来,"中"乃是天地之间最普遍的、最基本的"理",而这个"理"却并无固定的所指,只是说在任何时候都做到恰到好处即可,而何为恰到好处,其评价标准不能向外寻找,它就在人的心中。换句话说,吾心安处便是"中"。如此,则此"中"已不再有"天之中"那种客观自在性、本然性特征了。

到了王阳明,则更直接明了地将"中"归之于心了。其云:"性无不善,故知无不良。良知即是未发之中,即是'廓然大公、寂然不动之本体,人人之所同具者也'。"[3]"中"即是"良知",即是"本体",即是"廓然大公、寂然不动"的浑然心态。它本身并非道德价值,但它却是一切道德价值产生的根本依据,是万善之

---

[1] 陈献章,广东新会人,后迁江门的白沙村,故世人多称之为陈白沙。
[2] 《陈献章集》(上册),中华书局,1987,第125页。
[3] 陈荣捷:《王阳明〈传习录〉详注集评》,学生书局,1983,第217页。

第四章 心学话语系统的"中"与"中庸"

源。"良知"是王阳明的核心范畴。"致良知"与"知行合一"是阳明心学的主要内容。"良知"一词出于《孟子·尽心上》,其云:"人之所不学而能者,其良能也;所不虑而知者,其良知也。孩提之童,无不知爱其亲者;及其长也,无不知敬其兄也。"朱熹释云:"良者,本然之善也。程子曰:'良知良能,皆无所由;乃出于天,不系于人。'"[1] 也就是说,"良知"乃是人生而有之的道德本能。道德有本能的吗?孟子主张"性善"之说,当然就认为道德是有本能的。荀子就没有"良知"之说,因为他是讲"性恶"的。王阳明把《中庸》的"未发之中"理解为"良知",又把"良知"与"性善"联系起来,这样一来,"未发之中"就落到了实处,获得了学理依据,逻辑上是贯通的。但是这里还是有一个问题:"已发之中"与"未发之中"是什么关系?朱熹是用"体用"论来回答这个问题的,王阳明是否有另外的阐发呢?我们来看他的说法:"未发在已发之中,而已发之中未尝别有未发者在。已发在未发之中,而未发之中未尝别有已发者存。是未尝无动静而不可以动静分者也。"[2] 这意

---

1 朱熹:《四书集注》,岳麓书社,1987,第505页。
2 陈荣捷:《王阳明〈传习录〉详注集评》,学生书局,1983,第220页。

思是说,"未发""已发"原是一体两面,"已发"包含着"未发",但对此只可理解为"未发之中"实现为"已发之中",就"中"而言二者相包容,而不可理解为在"已发"之中,尚有某一部分是"未发"。而"已发在未发之中",只可理解为在"未发"中存有"已发"之可能性(或必然性),而不能理解为"未发"中有一部分"已发"存在。二者不是相互包容的关系,而是相互转化的关系,它们只能历时性地接续,不能共时性地并存。就是说,二者恰似动与静的关系一样:静中有动之可能性,动中有静之可能性,动是静之动,静是动之静,世上并无纯粹之动或纯粹之静。阳明对"未发""已发"之关系的辨析可谓精到。

二程常常让修习遇到障碍的弟子去静坐,陈白沙也认为静坐是修身养性的重要方式,希望"于静中养出端倪"来,那么这种无思无虑的"静"的状态是不是就是"未发之中"呢?我们难免会有这样的问题,阳明弟子也有,请看下面的对话:

> 问:"宁静存心时,可为未发之中否?"先生曰:
> "今人存心,只定得气。当其宁静时,亦只是气宁静,

第四章 心学话语系统的"中"与"中庸"

不可以为未发之中。"曰:"未便是中,莫亦是求中功夫?"曰:"只要去人欲、存天理,方是功夫。静时念念去人欲、存天理,动时念念去人欲、存天理,不管宁静不宁静。若靠那宁静,不惟渐有喜静厌动之弊,中间许多病痛只是潜伏在,终不能绝去,遇事依旧滋长。以循理为主,何尝不宁静;以宁静为主,未必能循理。"[1]

阳明的回答可以说显示出了心学大师的洞见!对二程与陈献章都是一种突破,从而也从根本上把儒家心性之学与佛禅之学、老庄之学区别开来了。静并不是修身养性的目的,甚至也不是有效的手段,因为在静的状态中只是暂时把各种欲望压制住而已,并没有从意识上解决问题,一旦条件合适,各种欲望还会冒出来。只有在意识中时时存着"去人欲、存天理"的念头,处处遵礼而行,渐渐达到道德自律,才能真正实现"中"的境界。在宋明理学的语境中,所谓"去人欲、存天理"并没有我们想象的那么可怕,那么不近人情。按照儒学"中"与"时中"的逻辑,"人欲"就是在特定条件下

---

[1] 陈荣捷:《王阳明〈传习录〉详注集评》,学生书局,1983,第66页。

被普遍认为是过分的私利私欲;"天理"则是在同样的条件下,被普遍认为合情合理的要求。例如,在一个共同体中,每个人一天只能分得一个馒头以维持生存的条件下,某人却要求每天有大鱼大肉,那就是"人欲"在作祟了。如果在另一个共同体中,每人每天可以分得十斤(5000克)鱼、十斤(5000克)肉等食物,则大鱼大肉的要求就是"天理"了。或者说,在父母还没有吃饱饭的情况下,一个人先要求吃饱饭,那就是"人欲";而当父母都吃饱了的前提下,他吃饱饭的要求就变成"天理"了。可知,"人欲"和"天理"只是说在特定条件下某行为是否合情合理的问题,这是今天依然存在的。由此可知,在任何情况下都能够做到合情合理就是"中"和"中庸"的基本含义。当然,在王阳明的时代,判断是否合情合理的标准只能是儒家伦理。王阳明的观点是透彻的:不要纠缠于"已发""未发"的辨析,只要时时处处自我提醒、自我戒惧不要放纵欲望、违理而行就是循"天理",也就达到"中"与"中庸"了。那么,"天理"或者"中"究竟是怎样的一种状态呢?我们再看王阳明和弟子徐澄的一段对话:

第四章　心学话语系统的"中"与"中庸"

澄问:"喜怒哀乐之中和,其全体常人固不能有。如一件小事当喜怒者,平时无有喜怒之心,至其临时,亦能中节,亦可谓之中和乎?"先生曰:"在一时一事,固亦可谓之中和,然未可谓之大本达道。人性皆善,中和是人人原有的,岂可谓无?但常人之心既有所昏蔽,则其本体虽亦时时发见,终是暂明暂灭,非其全体大用矣。无所不中,然后谓之大本;无所不和,然后谓之达道;惟天下之至诚,然后能立天下之大本。"曰:"澄于'中'字之义尚未明。"曰:"此须自心体认出来,非言语所能喻。'中'只是天理。"曰:"何者为天理?"曰:"去得人欲,便识天理。"曰:"天理何以谓之中?"曰:"无所偏倚。"曰:"无所偏倚是何等气象?"曰:"如明镜然,全体莹彻,略无纤尘染着。"曰:"偏倚是有所染着。如着在好色、好利、好名等项上,方见得偏倚;若未发时,美色名利皆未相着,何以便知其有所偏倚?"曰:"虽未相着,然平日好色、好利、好名之心原未尝无;既未尝无,即谓之有;既谓之有,则亦不可谓无偏倚。譬之病疟之人,虽有时不发,而病根原不曾除,则亦不得谓之无病之人矣。须是平日好色、好利、好名等项一应私心

"中"与"中庸"：不同凡响的生存智慧

> 扫除荡涤，无复纤毫留滞，而此心全体廓然，纯是天理，方可谓之喜怒哀乐未发之中，方是天下之大本。"[1]

这段对话包含紧密相关的三层意思：一是讲"中"或"中和"并非一个整体，在不同人那里是有大小之别的。"中"就是"性"，人性本善，所以"中"以及相关之"和"也是人人都有的。但是对于一般人来说只是在一些具体事件上表现出"中和"来，只有极少数人可以得其"全体"，能够"无所不中""无所不和"，达到"天下之大本"和"天下之达道"的境界，这当然只有圣人能之。二是说"中"就是"性"也就是"天理"。这是思孟学派的基本思想：人与天地自然本为一体，大道流行，在天而言名曰"理"或"天理"，在人而言名曰"性"，人的任务就是通过存心养性以"合外内之道"，进而实现参赞天地之化育的远大目标。三是说"天理"为什么又可以称之为"中"。因为天理总是不偏不倚、恰到好处的，是"原本如此"与"应该如此"的完美统一。这也正是"中"的特点。

那么如何才能达到"中"或者把握到"天理"呢？

---

[1] 陈荣捷：《王阳明〈传习录〉详注集评》，学生书局，1983，第104页。

第四章　心学话语系统的"中"与"中庸"

在这一点上王阳明与朱熹颇有不同。朱熹主张"格物致知",今日格一物,明日格一物,久而久之自然会把握天理。这是积累的过程。荀子曾有"积善成德而神明自得"(《荀子·劝学》)的说法,朱熹则主张"居敬穷理",都是讲只有通过积累才能把握到天理,是做加法。王阳明的主张则是"去得人欲,便识天理"[1],是做减法。在这一点上王阳明似乎更接近道家之学。老子讲"为学日益,为道日损,损之又损,以至于无为,无为而无不为"(《老子·四十八章》),庄子则讲"堕肢体,黜聪明,离形去智,同于大通"(《庄子·大宗师》)之"坐忘",都是做减法。在王阳明看来,一个人如果能够从根本上认识到各种"人欲",即私欲,也就是那些在特定条件下不合理的物质需求,那么"天理"就会自然呈现,因为它原本就在人的心里,只是暂时被私欲遮蔽而已。而在老庄看来,"肢体""聪明""智慧"之类都是"私欲"的表现,只有彻底消除它们,人才能恢复到自然无为状态,才能"同于大通",即与天地之大道为一体。由此可知,阳明之学与老庄确实有某种相近之处。

明代中后期,阳明心学影响巨大,并形成所谓"左

---

[1] 陈荣捷:《王阳明〈传习录〉详注集评》,学生书局,1983,第104页。

派王学"。左派王学普遍接受了佛学和道家思想影响,对儒家传统思想有较大程度的突破,特别是对现实中士大夫们的虚伪做作有激烈批评,对儒家恪守的"礼教"也颇有微词。他们对"中"与"中庸"所代表的儒家思想也有新的解读。这里我们仅以何心隐为例来说明左派王学对"中"的新阐释。

第二节 何心隐之《论中》

何心隐(1517—1579),泰州学派创始人王艮(1483—1541)的再传弟子,师从颜钧(1504—1596)。何心隐思想激进,当时被视为异端,后得罪当政者,被处死。他有一篇专门讨论"中"的文字,名曰《论中》,足以见其思想之激进。其云:

> 尧以不得舜为己忧,忧难得人于中而允执也;舜以不得禹为己忧,忧难得人于中而精一也。精于中而执之,必允无杂心也。一于中而执之,必允无二心也。莫非心也,心而主则中心,而贯则道心。人于人则不贯,

第四章 心学话语系统的"中"与"中庸"

不贯则比而无所主。既不能主乎人,又不能主于人人也,人亦禽兽也。……人心非有灭也,道心非有加也。人聚而道,道散而人,莫非心也。[1]

这段话是对《尚书·大禹谟》的"人心惟危,道心惟微,惟精惟一,允执厥中"的解释。《大禹谟》虽是战国时期儒者伪托之作,但这并不妨碍它对后世儒家思想的重大影响,上面这段话被视为宋明理学的"十六字真诀",可见其在宋儒心目中分量之重。从整篇的文意来看,何心隐这段话主要是说给帝王或执政者听的,其中表达了这样几层意思:一是说尧舜最为忧心的事情是很难找到能够无杂念、无二心地把握"中"的人来接班。这说明在何心隐看来,"中"既是一种道德价值,更是一种不可或缺的政治品质。二是说人心原本是一样的,"人心"和"道心"的区别主要看是否有"主"和"贯","主"就是有所主,"贯"就是有所贯,都是孟子所谓"先立乎其大者"(《孟子·告子上》)的意思,也就是在心中树立起一心向善的大原则。有了这个大原则,心便有主宰,有持守,这就是"中心"或"道心"了。"人心"

[1] 《何心隐集》,中华书局,1960,第31页。

则是没有一心向善之道德主宰的心，心无所主，便会为各种物欲所牵引，如此之人就与禽兽没有根本区别了。

"中心"或"道心"不仅可以主宰个人行为，而且可以影响到天下百姓之心，使之成为有道德修养之人。在这里何心隐实际上是在强调作为君主而拥有"道心"或公正之心、无私欲之心，是何等之重要。

然而真正确立"道心"的主宰地位却是很难的事情。因为"人心"是与利益直接相关的，而利益的诱惑是强有力的；"道心"则需要人对欲望的自觉克制，是很难做到的。他说：

> 道乎其心者，其用心也大而难，若存若亡，似有似无，心甚微也。人乎其心者，其用心也小而易，用于此自触乎彼，用于彼自触乎此，彼此相触而利害相攻，心甚危也。心如是危，又如是微，奈之何哉？惟大哉之尧自透其心，见心虽危，而若有主乎其危者，安安在中；见心虽微，而若有主乎其微者，显显在中。中亦心也，心之心也。象身也，身立乎天地之中，中也。中也者，主也。主乎身者，中也，心也。以身主乎人之心者，中也，心也。身以主于人之心者，中也，心也。

第四章　心学话语系统的"中"与"中庸"

> 心乎道以道人,而人乎心者亦自不容不贯而道其心也。心于道,中也。[1]

这段话的意思是说,人的向善之心(道心)虽然意义重大,但它的存在并不那么清晰明朗,而是微妙的,似隐似现,常常很难捕捉得到。人为欲望所牵引的心(人心)不仅渺小卑微,而且最容易形成,不用花费任何力气。那么如何才能使"道心"呈现,使"人心"遁形呢?只有像尧这样能够自己清楚地了解、掌握自己心灵的人才可以控制危险的人心,彰显微妙的道心,从而使自己的心灵永远处于"中"的状态。这种"中"的状态也就是心的状态,是能够主导人心的那个心,所以"中"就是心,就是能够使人心合于大道的那个心。显然,这里的"中"或者合于道的"心"指的就是我们今天所说的道德自律。这段话依然是说明具有道德自律的领袖人物(例如帝尧)的重要性。这就意味着,与许多前辈(例如朱熹和王阳明)不同,何心隐主要并不是在讨论心性之学的学理逻辑,而是在谈论君主应该如何以身作则,成为道德自律的典范。他的这篇《论中》的主要目的就是用来规

[1] 《何心隐集》,中华书局,1960,第31页。

范君主的。在他看来,天下是否太平,关键在于君主是否可以控制自己的私欲,为天下苍生谋福利。在何心隐生活的明朝嘉靖(1522—1566)至万历(1573—1620)年间,皇帝昏聩无能,往往是宦官或权臣把持朝政,士大夫阶层普遍心怀不满,希望皇帝能够重振朝纲,何心隐正代表了这一普遍诉求。他进而论证道:

> 尧则允执此中以为君。君者,中也,象心也。心在身之中,中在心之中,故名中。惟中为均,均者,君也。允执乎中者,允执君以道其心也。道乎一己之心,以君主乎亿兆无算之人之心,不惟伏羲之伏其羲而已也。必洗涤乎君以主道而成象于位,位乎上天下地之中,而允执之矣。中而必执,执而必允者。惟忧其或危也,惟忧其或微也。忧之莫解,则不容不旁求透心之人,如己之透,同见乎中之当执,执之当允,以君象中,以位尊君,而共保乎心之不危不微,化乎人,纯乎道而后已也。[1]

这里何心隐开始直接以"中"的准则来塑造其心

---

[1]《何心隐集》,中华书局,1960,第31—32页。

第四章 心学话语系统的"中"与"中庸"

中的君主了：君主之所以是"中"，因为他就像一个人的心灵一样。对一个人来说主宰者是心，对天下人来说，主宰者是君，所以君就是天下人之心。心灵是一个人的中心，"中"又是人的心灵的中心，所以才称之为"中"。只有"中"才能保证公平均衡，公平均衡就是"君"的意思。《大禹谟》的所谓"允执厥中"根本上就是要掌控君主的心使之合乎大道。因为君主之心如果合乎道，就能够引导天下百姓的心同归于大道，而不是仅限于自己做一个有德之人就行了。君主处于天地之"中"的重要位置，必须中道而行才行，君主的心也有可能会为私欲所牵引，其道心可能被遮蔽，这就需要借助旁人的力量帮助自己能够中道而行。目的是大家一起保证天下能够大道流行，避免成为人欲横流之所在。在这里何心隐是在强调君主"中道而行"的重要性，同时也是在强调臣民自觉匡正君主的必要性。古代士人阶层从先秦以来一直有一种根深蒂固的意识，即帝师意识。他们的远大抱负就是塑造出一个像古代的尧舜禹那样的圣人和君主集于一身的人，从而使天下太平，人民安居乐业。何心隐在这里也流露了这种帝师意识。在他看来，君主与臣民的利益是息息相通的，原本就应该是一个整体：

"中"与"中庸":不同凡响的生存智慧

> 天位乎上,地位乎下,人位乎中。人必君,则人也,君必位,则君也。臣民亦君也。君者,均也。君者,群也。臣民莫非君之群也,必君而后可以群而均也。一身,则心为君也。君呈象于四体百骸,则元首为君也。若臣若民莫不有身也,莫不有四体百骸也,莫不有四体百骸,则莫不有元首也。莫不有身,则莫不有心也。莫不有元首、莫不有心,则莫不有君也。君莫非中也。[1]

这段话的大意是:人处于天地之间,并称为"三才"。人因为有君主的统摄才成其为人;君主因为有君主的地位才成其为君主。臣民也是君主,因为"君"这个字包含着平等均衡和群体的意思,所有的臣民都是君主的群体,也正因为有了君主,他们才成为群体并且保持平等均衡状态。就一个人的整个身体而言,心就是君;对于人的肢体而言,头就是君。任何人都会有身、有肢体,所以就有心、有头,也自然就有君。因此,君也就是"中"。这里运用的是中国古人常用的类比思维,或者叫作"关联性思维",用西方人的眼光看,逻辑上不免有些奇怪。但是其所欲说明的道理是很清楚的:对一个

---

[1] 《何心隐集》,中华书局,1960,第32页。

第四章 心学话语系统的"中"与"中庸"

人来说,心或者头就是"中",而对于一个国家来说,君主就是《中庸》里说的那个"天下之大本也"的"中"。显然,何心隐是在政治层面上对作为儒家核心范畴的"中"重新进行了阐释,目的是借助于儒家源远流长的"中"与"中庸"思想为现实的君主确立行为准则,从而实现其做帝王之师的宏远目标。

从上面的论述来看,"中"和"中庸"思想在儒家思想体系中确实占有重要位置。实际上,"中"与"道""心""性""天理"等核心概念都属于同一层级的范畴,而且它们之间也存在着相通性。正如在道家思想中,"道"与"自然""素朴""混沌"等概念具有相通性一样,所指的都是同一个东西的不同侧面而已。这是中国古代学术话语的基本特征。

第五章
"中"与"中庸"的文化逻辑与现代意义

儒家士人标举"中"与"中庸"概念并不是偶然的，其中既表征着中国古人思维方式上的某种必然性，也隐含着儒家士人的政治诉求以及话语策略。因此，对"中"与"中庸"的阐释可以从一个角度切入到儒家思想的深层之中，可以对中国古代知识阶层的文化心态及相关的意识形态建构方式有更加清楚的把握。"中"与"中庸"思想也体现着中国古人的生存智慧，是中国传统文化的集中显现。

通过以上评介与阐释，我们已将儒学体系核心概念之一的"中"与"中庸"之基本含义及其演变轨迹梳理清楚。现在还有几个值得进一步思考的问题：其一，"天地"之"中"与人的"未发之中"具有哪些一致性、相通性？其二，儒家士人何以标举"中"这样一个概念？这反映了他们怎样的心态？其三，"中"与"中庸"所代表的儒家文化精神对于我们今天的文化建设，尤其是道德重建有怎样的借鉴意义？

第一节 "合外内之道"的根据

《中庸》的核心观点是"合外内之道",认为"中和"乃是贯穿人与天地的"大本"与"达道"。那么"天地"之"中"与人的"未发之中",一是客观的自然,一是人之心性,二者是如何具有一致性、相通性的呢,这显然是个需要解决的问题。换言之,儒家是如何解决由标示自然宇宙之自在本然性的"中"向标示人之道德理性之"中"的转换问题的?在王阳明之前,儒家学者论"中"几乎无不兼及天人。《中庸》所谓"合外内之道"不仅是他们追求的目标,而且成为他们最基本的思维方式。对此,我们可细加追问:为何"喜怒哀乐之未发"这个纯然内心状态的"中",会成为"天下之大本"呢?其已发之"和"作为纯粹的情感表现,何以堪为"天下之达道"呢?儒家思想家们是如何实现逻辑自洽的呢?在儒家心目中,天地万物无不各有其"中",这个"中"是指物自身的"客观合目的性",即物之所当是、所当有,但它如何内化为人的道德理性呢?对于这个问题,宋儒吕大临和朱熹曾有过很好的诠释。吕大临说:"情之未发,

第五章 "中"与"中庸"的文化逻辑与现代意义

乃其本心，元无过与不及，所谓'物皆然，心为甚'，所取准则以为中者，本心而已。由是而出，无有不合，故谓之和。非中不立，非和不行，所出所由，未尝离此大本根也。达道，众所出入之道。极吾中以尽天地之中，极吾和以尽天地之和，天地以此立，化育亦以此行。"[1]朱熹也说："盖天命之性，纯粹至善，而具于人心者，其体用之全，本皆如此，不以圣愚而有加损也。……惟君子自其不睹不闻之前，而所以戒谨恐惧者，愈严愈敬，以至于无一毫之偏倚，而守之常不失焉，则为有以致其中，……致焉而极其至，至于静而无一息之不中，则吾心正，而天地之心亦正，故阴阳动静各止其所，而天地于此乎位矣。"[2]统观二子之言，大致可代表儒家一般观点。这里的逻辑是这样的：人禀天命而生。天命在人身上便成为人之"性"。这个"性"在未发的时候处于"不睹不闻之前"的状态，也就是"人之中"。它是"天地之中"在人身上的体现。"天地之中"是看不见摸不着的，它就是天地化育万物的那种能力。所谓默而化之，是万物生存的根本依据，但它仅有客观自在性而不具主观性与

---

1 陈俊民：《蓝田吕氏遗著辑校》，中华书局，1993，第273页。
2 赵顺孙：《大学纂疏 中庸纂疏》，华东师范大学出版社，1992，第143页。

价值性。"天地之中"具之于人,成为"人之中",便具有了主观性与价值性。这便是"仁、义、礼、智"等道德准则。在儒家看来,天地运演、乾坤变化、万物化育都是自然而然、顺理成章之事;人的恻隐之心、羞恶之心、是非之心、辞让之心以及忠、孝等等也都是吾性具足、自然而然、顺理成章之事,所以二者就具有一致性、相通性,均可视为"中"之显现。这一逻辑貌似贯通,实则不然。因为人之仁、义、礼、智及忠、孝等并非事物之本然自在性,而是人为之产物。因此"人之中"——人世间的"应该原则"并不能理解为"天地之中"——宇宙间的自然法则之另一表现形式。"天""人"其实并非一体。如此,则所谓"极吾"之中亦不能导致"尽天地之中",而"吾心正",亦不能必然使"天地之心亦正"。

儒家是如何解决这一难题的呢?他们找到了生命相似性。在他们看来,天地万物之"中"亦即客观合目的性,是宇宙生命的运动法则,是物自身的合理性。因此合乎"天地之中"则"天地位焉,万物育焉"。那么"人之中"也同样是人世自身之合理性,即主观合目的性,即

第五章 "中"与"中庸"的文化逻辑与现代意义

是善。其本质是人伦关系之和谐有序,是人的生命力的充分展开。这样,人就应该通过主观努力去维护人世间人伦关系的和谐有序,以契合宇宙万物的和谐有序。人世之间和谐有序,避免征战和掠夺,人们就可以腾出精力来帮助天地化育万物,参与到大自然的生命运动之中,如此人的生命便与宇宙大生命融为一体了。这就是《中庸》"合外内之道也,故时措之宜也"的真正含义。这里面隐含有反对暴虐、反对征战、重生贵生、向往和平公正的伟大动机。从这个意义上说,儒家强调"天地之中"与"人之中"的统一性是有其合理性的。当然我们可以说这种统一性是基于中国古人那种"关联性思维"而非现代人的逻辑思维的,然而我们也可以思考一下:作为把握世界的一种方式,关联性思维是不是也有其合理性呢?事实上,人的一切主观行为,人类社会的一切精神创造,从更宏大的角度看,也都是自然宇宙、大千世界衍化的产物,人的生命不过是宇宙大生命微小的组成部分而已。因此人与自然宇宙的相通性、相同性都是必然的。

第二节 "中"与儒家士人心态

以往不少论者认为"中""中庸"之道主旨是调和矛盾,是一种圆滑的处世之道。这种理解真可谓大谬不然。实则恰恰相反,"中"的概念倒是反映了儒家士人的一种执拗,一种坚守,一种为人处世的原则性。[1] "中"要求儒家时时戒惧,以道德自律,要求他们于大事小事都做到恰到好处,无丝毫偏差。这显然是极为高难的要求。《中庸》所谓"君子而时中"就是要求"君子"时时而"中"——在任何情况下、在任何事情上,都能找到最合理的行为路线。"中"是一种伟大的独立精神和主体精神,它要求儒家"中道而立"——一切都按自己的判断与标准行事,决不蝇营狗苟、见风使舵。这里特别需要清楚的是,"中"或"中庸"并不是要人们教条主义地恪守某些固定不变的道德规范。"中"与"中庸"之中是包含着"权变"的意义维度的。因此"中"并非要求人们把某一种具体的道德准则一成不变地用之于时时处处,而是要求人们根据时时处处的具体条件

---

[1] 关于"中"与"中庸"的这一特点,法国哲学家、汉学家弗朗索瓦·朱利安在《圣人无意——或哲学的他者》(商务印书馆2004年版)一书的第23页到第33页也有所论及,可以参考。

第五章 "中"与"中庸"的文化逻辑与现代意义

制定最佳行为路线,尽最大可能地实现儒家的基本精神。这里既有原则性,又有灵活性,因此不是无法企及的道德理想,而是切实可行的处事原则。

那么儒家士人为什么要标举"中"这样一个概念呢？这大约有三个原因：

其一,儒家士人是先秦士人阶层中最有社会责任感和历史使命感的一批人,他们欲以自己的力量重新安排社会秩序,建构理想的政治制度与价值观念体系。诸如"知其不可为而为之"(《论语·宪问》),"士不可不弘毅,任重而道远"(《论语·泰伯》),"如欲平治天下,当今之世,舍我其谁也"(《孟子·公孙丑下》),等等,都是这种伟大社会责任感与历史使命感的流露。儒家士人以"中"为自己最高道德准则,实质上是一种极严的自我约束、自我规范,以便让自己能够去完成这一伟大使命。

其二,中国古代士人阶层是一个具有独立意识与主体精神的知识分子群体。他们心中有一个根深蒂固的愿望,那就是教育君主、影响君主,"为王者之师","格君心之非","致君尧舜上",从而使君主成为士人一整套社会价值观念的信奉者与推行者。这是古代知识阶层

"中"与"中庸"：不同凡响的生存智慧

对君权所采取的一种文化制衡策略。其实质是用形而上之"道"（价值观念）去规范现实之"势"（政治权力）。儒家士人是实行这一文化制衡策略最有力的代表。他们标举"中"，也就是高扬"道"，是为君主或执政者制定行为准则，目的是规范、制约现实的君权。

其三，儒家士人的身份与处世方式有一个历史的演变过程：先秦时期是作为布衣之士著书立说，宣传其政治主张并直接向君主提出种种规范与要求，两汉以后是与君权合作，作为士大夫为君权服务，成为以君权为核心的庞大政治体系中的重要组成部分。表现在学术话语上，儒学则呈现一个不断"向内转"的趋势，也就是从对社会政治的直接干涉向内心的自我改造、自我提升转变，或者说是从政治哲学向道德哲学转变。这可以说是两汉经学与宋明理学之学的根本分野。宋明理学又被称为"新儒学"，其核心乃是心性之学，是一种真正意义上的"为己之学"。尽管儒者们口头上依然大讲"治国平天下"，而实际上，他们除了在仕途中做恪尽职守的官吏以外，全部精神主要都用在内心世界的自我营构上了。他们要寻求一种超越的人格境界，使心灵得一"安宅"，以便应付人世间的种种利害荣辱之冲击。与儒学

第五章 "中"与"中庸"的文化逻辑与现代意义

这一历史演变相关联,"中"的含义与意义也有所变化:在两汉之时更多地侧重于政治哲学的一面,在北宋以后就越来越侧重于心性之学的一面了,渐渐成为儒家人格修养的理想境界。

总之,儒家士人思想家标举"中"与"中庸"概念并不是偶然的,这个概念既表征着中国古人思维方式方面的某种必然性,也隐含着儒家士人的政治诉求以及话语策略,体现着中国古人的生存智慧,是中国传统文化的集中显现。在儒家这里,"中"就是公正、正义、正当的代名词,作为"中"的阐释者和坚守者,儒家就有足够的自信心与合法性去规范君权了。儒家所代表的士人阶层是中国古代社会的"中间阶层",他们流动于统治阶级与被统治阶级之间,因此他们标举的"中庸之道"与其在社会结构中的位置具有某种同构关系,无论是完全站在统治者位置上还是完全站在黎民百姓的立场上,都不符合他们的利益,选择"中道"而行是他们的社会地位所导致的"政治无意识"所决定的。在这个意义上说,"中"与"中庸"实际上乃是士人阶层社会地位与政治立场的话语表征。

那么对于现代中国人而言,儒家的"中"概念及以

"中"与"中庸"：不同凡响的生存智慧

其为核心的一套价值观念是否还有意义呢？要回答这一问题，首先必须弄清楚现代中国人有着怎样的急迫需求。如果说科学与民主依然是当今中国人所向往的最高价值，那么非常遗憾，儒家思想对此并无明显的积极意义——这是两千多年的历史证明了的。那么除了科学和民主之外，我们是否还缺少点别的什么呢？回答应是肯定的。精神上的独立意识、人格境界、道德上的自律意识、公德意识恰恰是作为个体的中国人、一个现代中国人最需要具备的东西。而在这个方面，古代儒家士人是为我们做了表率的。凡要"大做一个人"（陆九渊语）的当今中国人都不妨向古人学习一二。儒家"中"的概念及有关观念或许能够告诉我们，人与动物究竟有什么不同。这是一个在许多人那里已很久疏于思考并已模糊其界线的问题。古人告诉我们：人能"中道而立"——在任何情况下都能自觉遵守一种恰当的规则，即用头脑、理性来支配自己的行为，而不是让肉体来支配。这便是动物所缺乏的道德自律。古人告诉我们，人之心灵可以安泊于一个超越物欲的层次上，享受真正的自由之乐。人不是不食人间烟火的圣人，他须为维持生存而去工作，去创造财富，等等，但在从事这些事时亦

第五章 "中"与"中庸"的文化逻辑与现代意义

要行于"中道",即以不损害他人为原则,并且不将一己之忧乐全然系于成败荣辱之上。尽全力去做,不成,亦能泰然处之,而不至于"放僻邪侈,无不为已"。"中"是一种操守,是对道德理性的呼唤,是对人之成为人所必不可少之良知的维护。能够"中道而行"之人就是有原则的人,是有所不为有所必为的人,这样的人会令人敬仰和敬畏,因此会成为一个共同体中的表率。

参考文献

国学整理社辑.诸子集成.北京：中华书局，1954.
冯友兰.中国哲学史.北京：中华书局，1961.
钱穆.论语新解,钱宾四先生全集（第3册）.台北：联经出版事业股份有限公司，1963.
阮元校刻.十三经注疏.北京：中华书局，1980.
程颐、程颢.二程集.北京：中华书局，1981.
张岱年.中国哲学史大纲.北京：中国社会科学出版社，1982.
朱熹.四书章句集注.北京：中华书局，1983.
陈鼓应.庄子今注今译.北京：中华书局，1983.
陈荣捷.王阳明《传习录》详注集评.台北：学生书局，1983.
陈鼓应.老子注译及评介.北京：中华书局，1984.
黎靖德编.朱子语类.北京：中华书局，1986.
杜预.春秋经传集解.上海：上海古籍出版社，1986.
朱熹.四书集注.长沙：岳麓书社，1987.
杨伯峻.春秋左传注.北京：中华书局，1990.
陈立.白虎通疏证.北京：中华书局，1994.
劳思光.大学中庸译注新编.香港：香港中文大学出版社，2000.
朱熹辑.河南程氏遗书.上海：上海古籍出版社，2000.
周敦颐.周敦颐集.长沙：岳麓书社，2002.
王天海.荀子校释.上海：上海古籍出版社，2005.
吴小如.吴小如讲孟子.天津：天津古籍出版社，2008.
陈澔著，万久富整理.礼记集说.南京：凤凰出版社，2010.